KB245193

세상에서
가장 쉬운

테크놀로지
수업

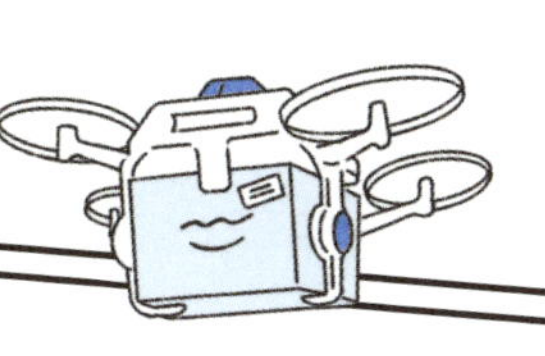

뻣속까지 문과인 사람도
술술 이해하는
하루 1분 IT 핵심 용어

세상에서 가장 쉬운

그림으로 한눈에!
연관 키워드로
깊이 있게!!

테크놀로지 수업

미쓰다 하루오 감수 · 다케다 유키히로 그림
이와사키 미나코 글 · 류두진 옮김

Little A

디지털 시대를 살아가는 당신이
꼭 알아야 할 IT 지식

AI, 딥러닝, 클라우드, 핀테크 등 세상에는 IT 및 테크놀로지 관련 키워드가 수없이 쏟아져 나오고 있습니다. 하루가 멀다 하고 키워드는 늘어가는데 각각 무엇을 의미하는지, 어떤 연관성이 있는지 막연하게만 느껴지는 분도 많을 것입니다.

지금은 개인 정보부터 금융 거래에 이르기까지 모든 생활이 IT로 이어진 세상입니다. '모르겠어', '이해가 안 돼'라며 넘어갈 수 있는 시대는 진작 지났다고 할 수 있죠. 특히 신종 코로나바이러스 감염증(코로나19)을 계기로 본격적으로 재택근무를 시작한 기업에 근무할 경우, 실전형 IT 지식이 더욱 간절한 상황입니다. 와이파이나 인터넷 구조 등을 제대로 이해하지 못한 상태에서 자택에 IT 환경을 갖추기란 상당히 어렵기 때문입니다.

이렇게 IT에 낯선 분들을 대상으로 'IT 세상을 살아가는 데 필수적인 IT 및 테크놀로지 관련 키워드를 기초부터 이해하기'라는 콘셉트 아래, 일러스트만 보고도 개념을 파악할 수 있는 진짜 기본 테크놀로지 책을 만들게 되었습니다. IT에 대해 전혀 모르는 사람이 읽는 것을 염두에 두고 집필했으므로, 세부적인 의미 차이를 자세히 설명하기보다는 핵심 내용만 정확히 이해할 수 있도록 여러 가지 아이디어를 반영하여 만들었죠.

따라서 이 책은 다음과 같은 분들에게 추천합니다.

- IT 및 테크놀로지 용어를 많이 접하지만 이해가 잘 안 된다.
- IT 및 테크놀로지 분야의 일반교양을 배우고 싶다.
- 재택근무가 도입되어 IT 및 테크놀로지를 알아야 할 필요성이 절실하다.
- 학교 교육에 도입된 프로그래밍 교육 과정을 자녀와 함께 배워보고 싶다.

IT나 테크놀로지는 결코 어려운 것이 아닙니다. 이 책을 계기로 IT와 친밀해져 미래 사회를 슬기롭게 헤쳐나가는 분이 한 사람이라도 늘어난 다면 더 바랄 나위 없겠습니다.

감수자

미쓰다 하루오

Check Point!

- ✓ 술술 넘기다가 관심이 가는 부분부터 읽어보세요.

- ✓ 꼭 처음부터 읽을 필요도 없고, 일러스트만 보고 넘어가도 좋습니다.

- ✓ 제목, 헤드라인, 일러스트를 보고 나서 설명과 키워드를 읽으면 훨씬 이해가 잘 됩니다.

- ✓ 여유가 있을 때 여러 번 다시 읽어보면 내용이 자연스럽게 머리에 들어옵니다.

IT 및 테크놀로지 용어
100가지를 엄선해 실었습니다.

3줄로 요약한 이 부분을 읽어보
면 용어의 의미를 대강 파악할
수 있습니다.

①, ②를 읽고 일러스트를
보면서 용어에 대한
이미지를 그려보세요.

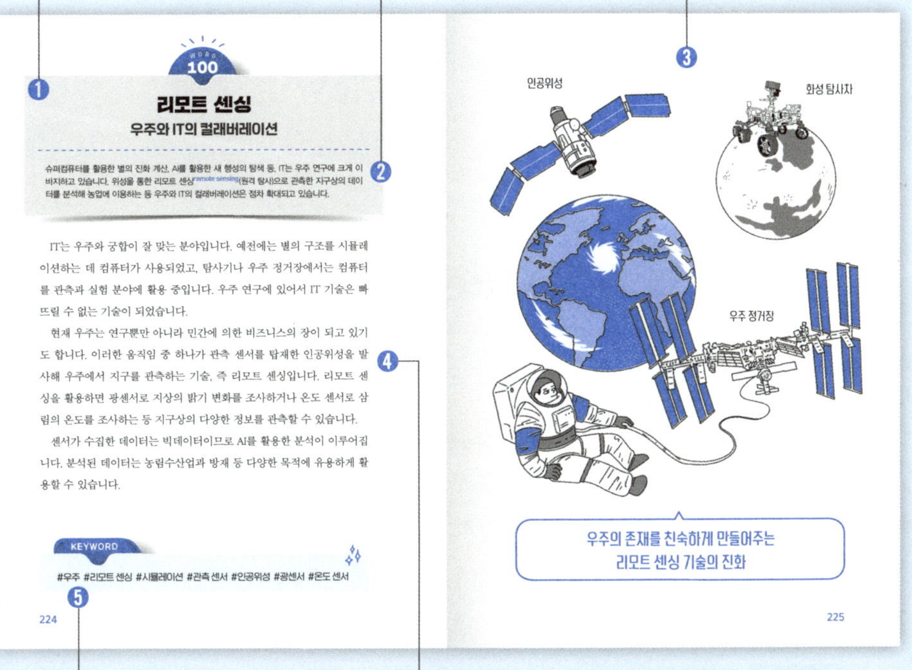

일러스트를 본 다음 내용을
더 자세히 알고 싶으면
읽어보세요.

이 페이지에 나온 키워드 중
기억해두면 유용한 것들을
선정했습니다.

Contents

제1장 테크놀로지의 기본

제2장 테크놀로지의 활용

제3장 테크놀로지와 사회

제4장 테크놀로지와 AI

제5장 테크놀로지와 금융

제6장 테크놀로지가 바꾸는 미래

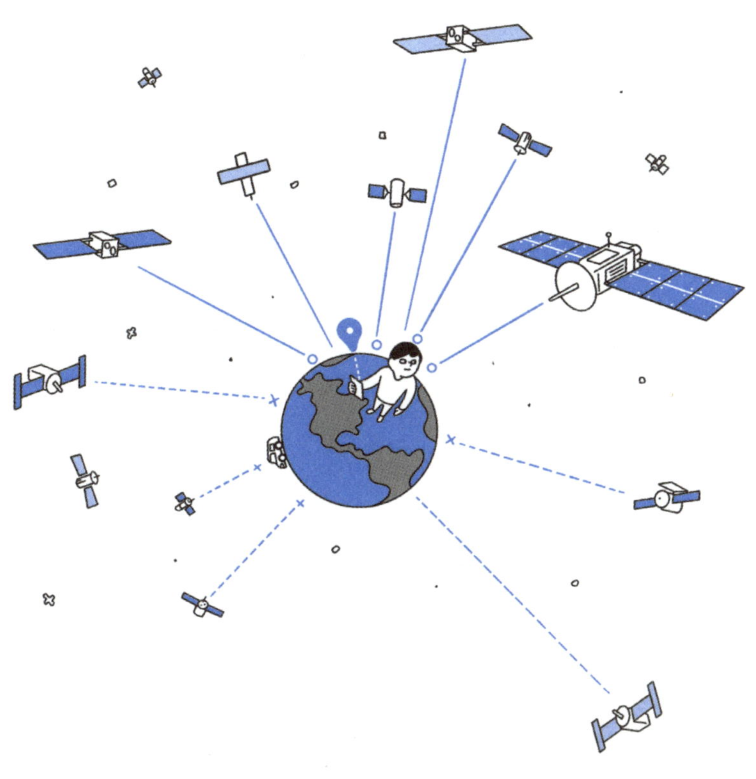

SNS

제1장

테크놀로지의 기본

스마트폰, 태블릿, PC, 인터넷, 와이파이 등 우리 생활은 많은 테크놀로지에 의해 뒷받침되고 있습니다. 디지털 기술과 IT는 현명하고 올바르게 사용하면 더할 나위 없는 인류의 든든한 아군입니다. 테크놀로지의 기본을 다져두는 이번 장에서는 우리에게 친숙한 이용 사례에 관해 소개합니다.

컴퓨터
PC도 스마트폰도 모두 컴퓨터

사람을 대신해 계산해주는 컴퓨터에는 다양한 종류가 있으며 각각 용도와 형태가 다릅니다. 대표적인 컴퓨터로는 PC(개인용 컴퓨터)를 꼽을 수 있습니다. 전화기의 진화형인 스마트폰도 컴퓨터의 일종인데, 휴대성이 높은 것이 특징입니다.

컴퓨터는 PC라는 형태로 대중에 보급되었습니다. PC의 특징은 화면 하나에 여러 소프트웨어를 동시에 띄워놓고 병행해서 조작할 수 있다는 점, 컴퓨터로서의 동작이 비교적 안정적이라는 점 등입니다.

PC는 한 곳에 자리 잡고 앉아서 이용하기 적합한 반면, 전화기에 컴퓨터 기능을 탑재한 스마트폰은 휴대하기 적합한 컴퓨터로 진화했습니다. 화면 크기는 작지만, GPS나 각종 센서 기능을 활용해 폭넓은 용도로 이용할 수 있습니다.

스마트폰 화면을 대형으로 만든 태블릿(태블릿 PC)은 화면을 보기 편하다는 점이 특징입니다.

PC와 스마트폰 외에도 슈퍼컴퓨터, 게임기나 가전제품에 내장된 컴퓨터 등 다양한 종류의 컴퓨터가 있으며, 각각의 컴퓨터는 그 특징을 살려서 이용되고 있습니다.

KEYWORD

#컴퓨터 #PC #스마트폰 #태블릿 #슈퍼컴퓨터 #게임기

용도에 따라 사용되는 컴퓨터가 다름

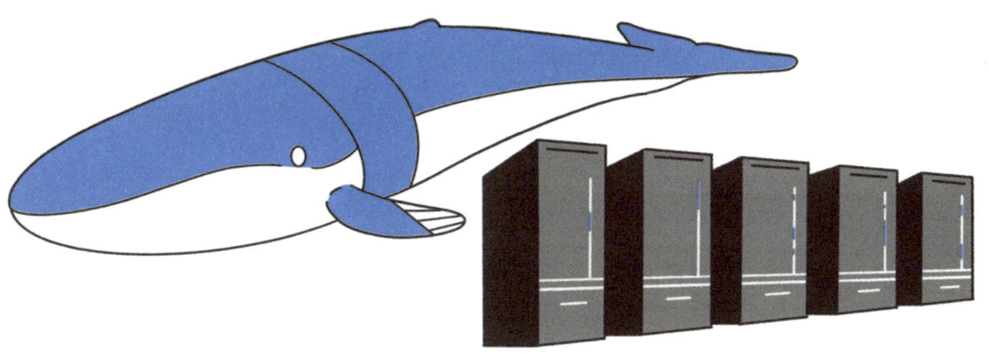

크기가 크고 한 번에 많은 처리를 할 수 있는 컴퓨터

크기는 작지만 활용도가 높은 컴퓨터

스마트폰
고성능을 갖춘 매력적인 전화기

2007년에 등장한 아이폰을 계기로 전 세계에 스마트폰 이용이 확산되었습니다. 스마트폰 하나만 있으면 휴대전화, PC, 음악·동영상 플레이어, 게임기, 디지털카메라, IC 레코더 등 폭넓은 전자기기 기능을 모두 이용할 수 있습니다.

스마트폰은 디스플레이에 터치스크린(터치패널)을 채택한 것으로, 손가락으로 터치 또는 슬라이딩해서 조작합니다. 얇은 판 모양의 하드웨어에는 고성능 CPU와 메모리는 물론 카메라, 마이크, 스피커, GPS 수신기와 각종 센서, 모바일 통신과 와이파이, 블루투스 등 네트워크 기능까지 내장되어 있습니다.

이런 다양한 하드웨어 기능은 앱(애플리케이션의 약자)을 설치하면 이용할 수 있습니다. 다양한 목적에 부합하는 앱이 무수히 많아, 업무나 개인 생활을 막론하고 스마트폰은 다양하게 활용되고 있습니다.

스마트폰에는 전용 OS가 필요합니다. OS는 크게 iOS와 안드로이드로 나뉩니다. iOS는 애플이 개발·제조·판매하는 아이폰에, 안드로이드는 그 외의 스마트폰 대부분에 탑재되어 있습니다.

KEYWORD

#스마트폰 #휴대전화 #PC #음악·동영상 플레이어 #게임기 #디지털카메라
#IC 레코더

계속 개발되는 다양한 스마트폰

하드와 소프트
컴퓨터를 작동시키는 조합

컴퓨터는 물리적인 기계인 하드웨어와 그 하드웨어를 작동시키기 위한 소프트웨어로 구성됩니다. 둘 중 한쪽만 움직여서는 컴퓨터가 작동하지 않으며, 둘 중 한쪽만 성능이 높을 경우에도 제대로 작동하지 않습니다. 양쪽이 잘 협력해야 제 능력을 발휘합니다.

하드웨어(줄여서 하드)란 원래 '쇠붙이'라는 뜻입니다. PC의 경우 CPU, 메모리, 하드디스크 드라이브 등의 본체, 마우스나 키보드 같은 입력장치, 프린터 등의 출력장치 등 눈에 보이는 모든 장치를 통틀어서 하드웨어라고 합니다.

반면에 하드웨어를 작동시키기 위한 프로그램 및 데이터를 통틀어 소프트웨어(줄여서 소프트)라고 합니다. 소프트웨어는 형태가 없으며 눈에 보이지 않습니다. 소프트웨어에는 OS, 응용프로그램 등이 있습니다.

자기 의지로 몸을 움직일 수 있는 사람에 비유하자면, 몸은 하드웨어에 해당하고 의지, 사고, 지식은 소프트웨어에 해당합니다. 컴퓨터도 하드웨어만으로는 아무것도 할 수 없습니다. 하드웨어가 소프트웨어를 읽어 들임으로써 목적에 맞게 작동할 수 있습니다.

#하드웨어 #소프트웨어 #CPU #메모리 #하드디스크 드라이브 #마우스 #키보드 #프린터 #OS

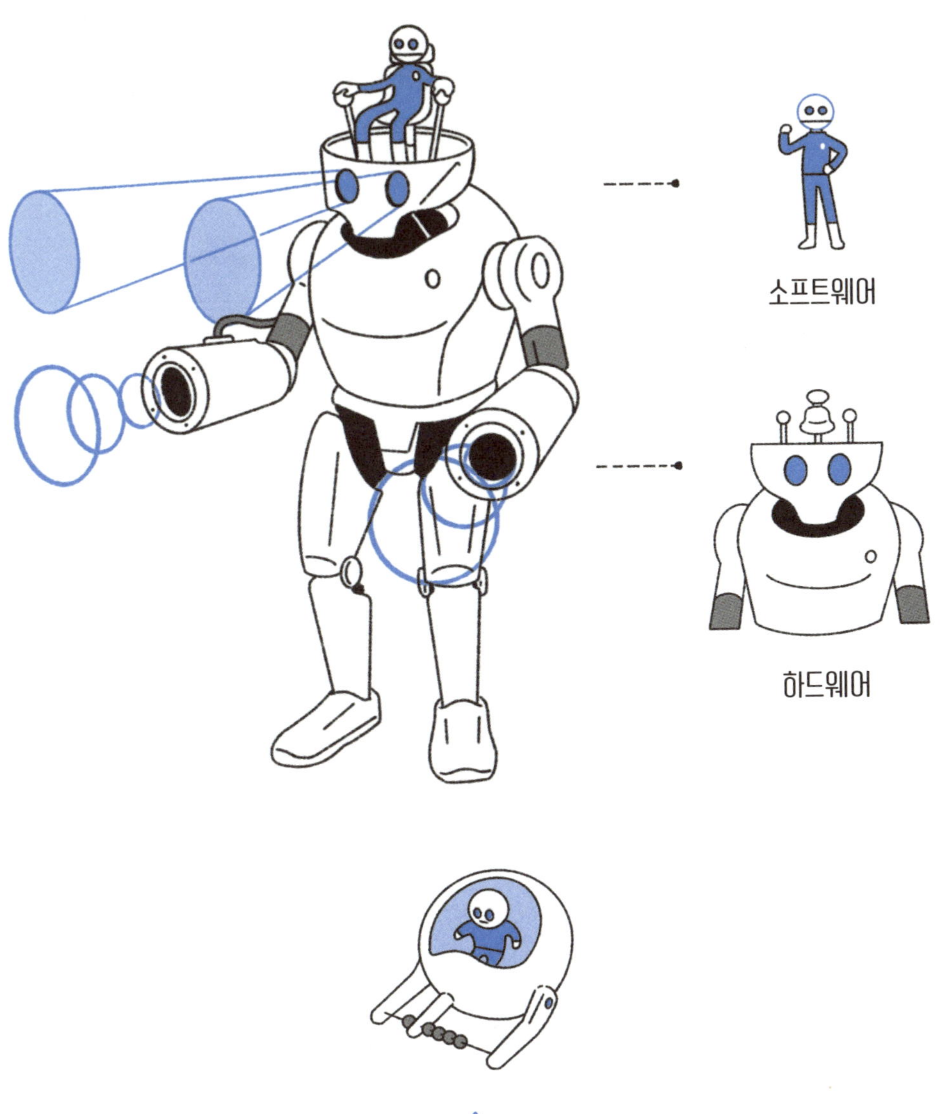

전자계산기처럼 최소한의 기능을 지닌
하드웨어와 소프트웨어의 조합도 존재

입력장치
정보를 입력하기 위한 장치

컴퓨터에 뭔가 명령을 이행시키고자 할 때 사람은 컴퓨터에 지시를 내려야 합니다. 사람이 컴퓨터에 지시하거나 명령을 실행하는 데 필요한 데이터를 공급하는 것을 입력input이라 하며, 입력하기 위한 장치를 입력장치라고 합니다.

컴퓨터의 보급이 진행되던 시기에 널리 이용되었던 데스크톱 PC에는 입력장치로 키보드와 마우스가 딸려 있었습니다.

키보드는 문자와 숫자를 직접 입력할 수 있는 장치입니다. 마우스는 화면상의 위치 정보를 통해 입력하는 장치입니다.

스마트폰과 태블릿은 디스플레이 화면을 직접 터치해서 입력합니다. 이를 터치스크린이라고 합니다.

PC나 스마트폰 등의 음성 입력에는 마이크를 이용합니다.

이미지 입력에는 디지털카메라나 스캐너를 이용합니다. 디지털카메라와 스캐너는 음성이나 사진 등의 아날로그 데이터를 컴퓨터가 처리할 수 있는 디지털 데이터로 변환합니다.

게임기의 컨트롤러, 편의점 계산대에서 사용되는 바코드 리더기, IC 카드 리더기도 입력장치의 일종입니다.

KEYWORD

#입력장치 #입력 #키보드 #마우스 #터치스크린 #마이크 #디지털카메라
#스캐너

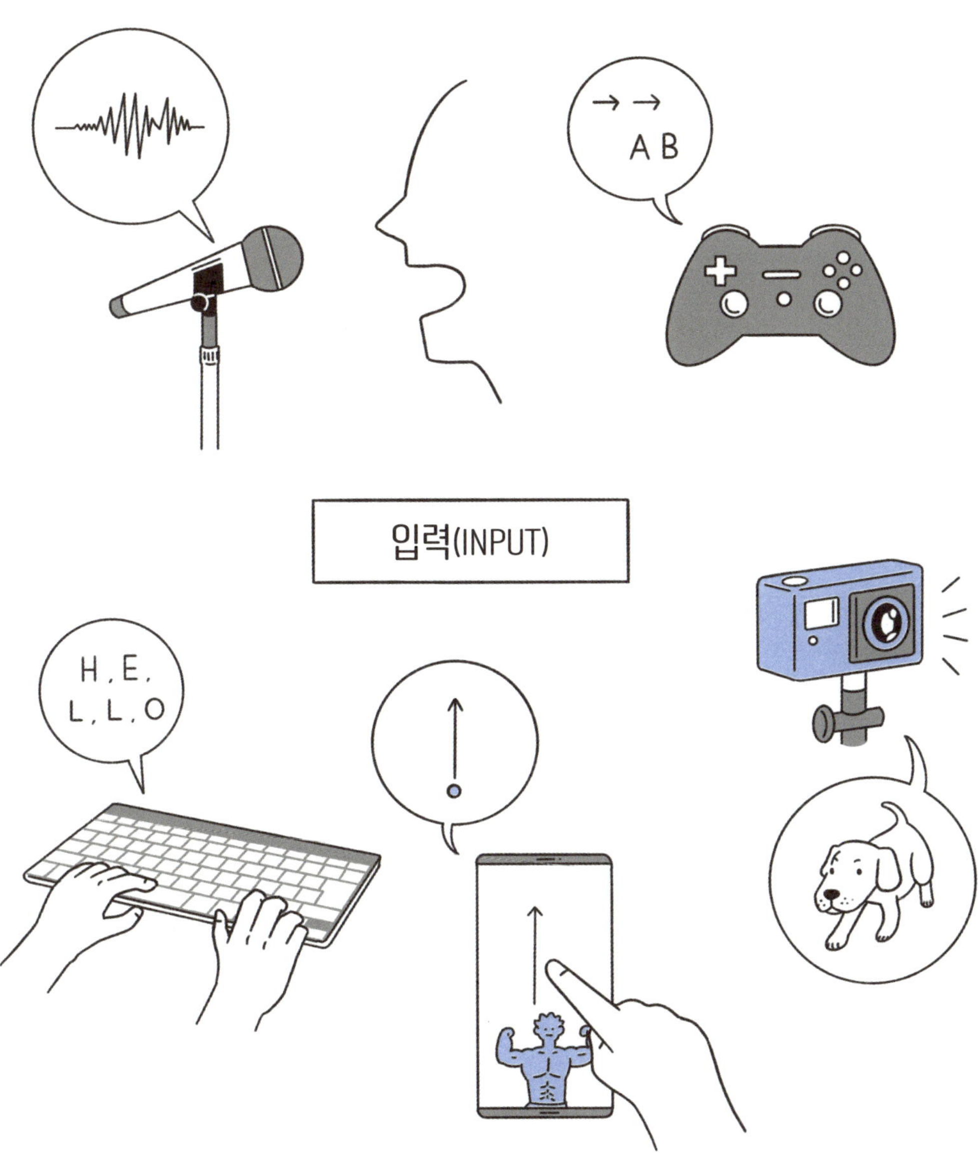
A B
입력(INPUT)
H, E,
L, L, O

출력장치
정보를 출력하기 위한 장치

컴퓨터의 상태나 명령을 실행한 결과를 표시하는 것을 출력^{output}, 출력하기 위한 장치를 출력장치라고 합니다. 컴퓨터 자체는 디지털 데이터로 결과를 출력합니다. 이를 사람이 이용할 수 있는 형태로 나타내기 위해 각종 출력장치가 사용됩니다.

시각적인 출력장치 중 컴퓨터를 이용하는 데 빠뜨릴 수 없는 것이 바로 디스플레이입니다. 주로 모니터라 불리는 이 장치는 조작 화면과 명령 실행 상태, 실행 결과 등을 표시하기 위해 이용됩니다. 스마트폰 등에서는 입력장치와 출력장치가 합쳐진 터치패널 디스플레이가 적용되었습니다.

스피커는 음성을 출력하는 장치, 프린터는 종이에 인쇄해서 출력하는 장치입니다. 현재는 입체적인 형태를 출력하는 3D 프린터도 등장했습니다.

헤드 마운티드 디스플레이^{HMD}는 컴퓨터가 만들어낸 가상현실^{VR}을 출력하기 위한 장치입니다. 공장 등에서 컴퓨터 제어로 구동되는 산업용 로봇도 일종의 출력장치라 할 수 있습니다.

HDMI 케이블을 연결하면 TV를 출력장치로 사용할 수도 있습니다. 비디오 게임기는 TV를 출력장치로 이용합니다.

KEYWORD

#출력장치 #출력 #디스플레이 #모니터 #스피커 #프린터
#헤드 마운티드 디스플레이

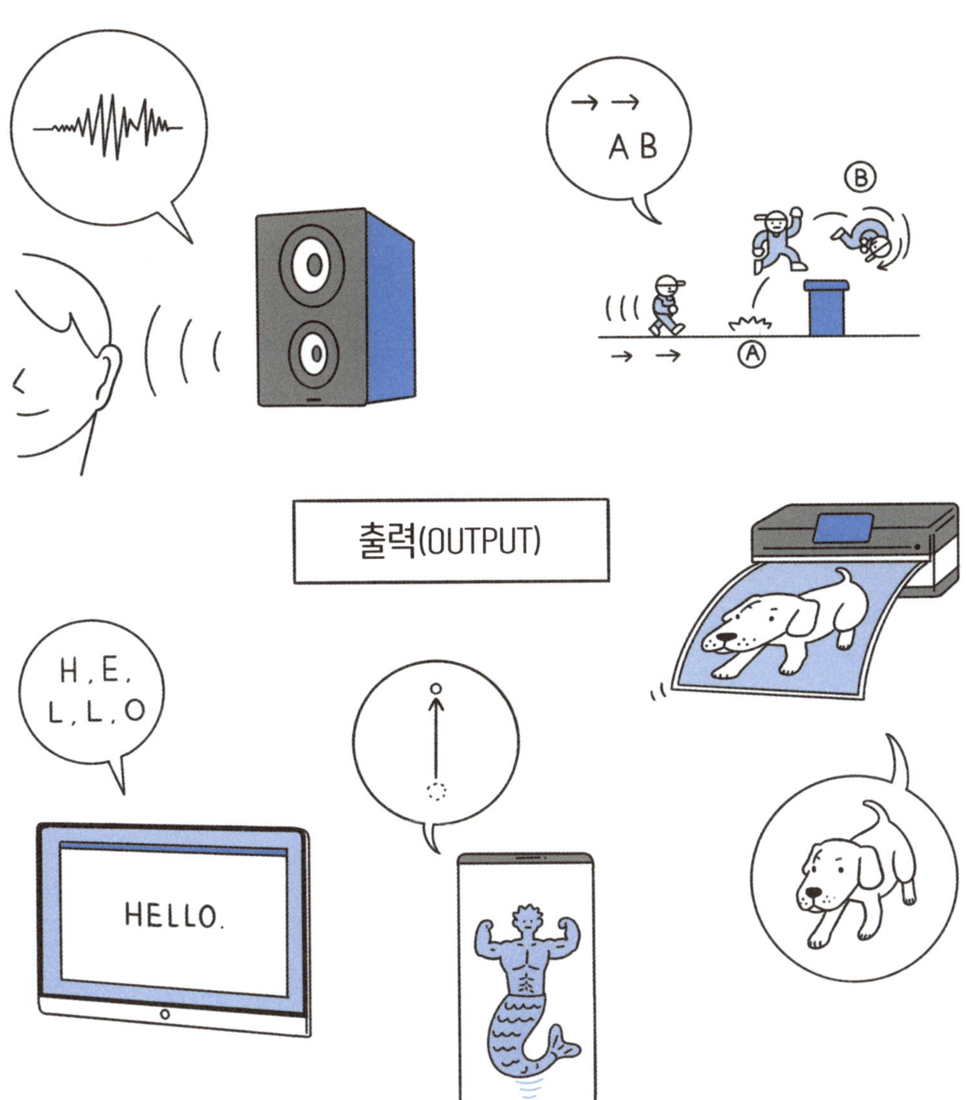
출력(OUTPUT)
A B
B
A
H, E, L, L, O
HELLO.

CPU와 GPU
대량의 명령을 처리하는 유능한 부품

CPU(중앙처리장치)는 컴퓨터 전체의 기본적인 성능을 결정하는 가장 중요한 부품으로, 복잡한 계산을 연속적으로 처리하는 것이 특기입니다. GPU(그래픽처리장치)는 그래픽 처리를 전문으로 수행하는 부품으로, 대량의 정형적 계산을 병렬로 처리하는 것이 특기입니다.

CPU Central Processing Unit 와 GPU Graphic Processing Unit 는 모두 컴퓨터에서 계산을 담당하는 부품입니다. CPU는 프로그램의 명령을 실행하기 위한 복잡한 계산을 하거나, 주변 입출력장치나 기억장치를 제어하는 등 다양한 역할을 수행합니다.

GPU는 그래픽 처리 계산만 따로 떼어내 전용으로 처리하는 부품인데, 고해상도 그래픽을 고속으로 묘사하는 등 정형적인 처리에 특화된 구조를 가집니다. 아름다운 그래픽과 재빠른 움직임이 매력인 게임의 경우, GPU의 능력치가 높으면 성능이 대폭 향상됩니다.

최근에는 정형적인 처리를 고속으로 수행하는 것이 특기인 GPU의 특성을 딥러닝이나 가상화폐의 채굴에 활용하기도 합니다. 이처럼 그래픽 처리 이외의 계산을 하는 GPU를 GPGPU General-Purpose computing on GPUs (GPU상의 범용 연산)라고 합니다.

KEYWORD

#CPU #GPU #게임 #그래픽 처리 #딥러닝 #채굴 #GPGPU

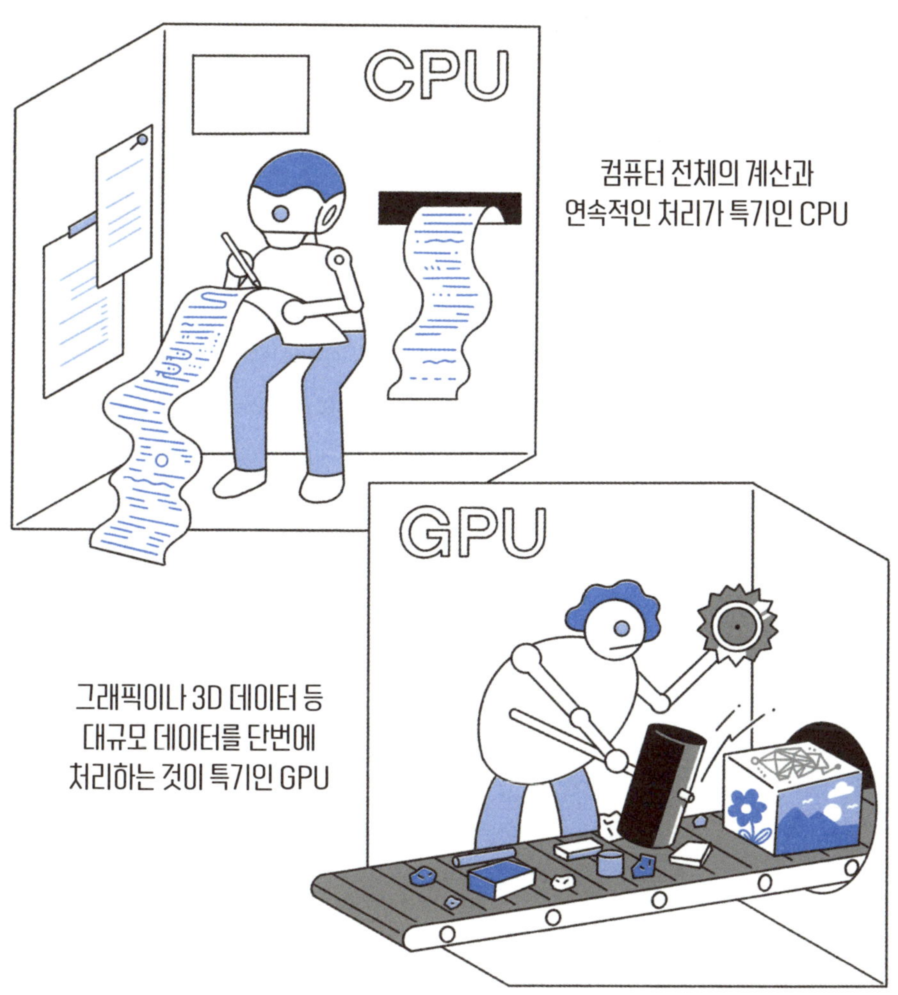

CPU
컴퓨터 전체의 계산과
연속적인 처리가 특기인 CPU
GPU
그래픽이나 3D 데이터 등
대규모 데이터를 단번에
처리하는 것이 특기인 GPU

기억장치
데이터를 저장해두기 위한 장치

컴퓨터는 프로그램으로 작동되고 프로그램이 데이터를 처리합니다. 프로그램과 데이터는 모두 디지털 데이터인데, 컴퓨터에는 이 디지털 데이터를 보관할 장소가 필요합니다. 이 데이터를 저장하고 기억해두기 위한 장치를 기억장치라고 합니다.

컴퓨터의 기억장치에는 보조기억장치(스토리지)와 주기억장치(메인 메모리), 두 가지가 있습니다. 보조기억장치는 프로그램과 데이터를 장기간 저장해두는 장치로, PC에 내장된 HDD(하드디스크 드라이브) 등이 여기에 속합니다. 주기억장치는 현재 실행되는 프로그램과 데이터를 저장하는 장치로, 컴퓨터의 두뇌에 해당하는 CPU가 처리에 필요한 프로그램과 데이터를 보관해둡니다. 주기억장치로는 가벼우면서 읽고 쓰는 속도가 빠르고 진동에 강한 DRAM이라는 반도체 메모리가 주로 사용됩니다.

플래시 메모리는 반도체 메모리의 일종인데, 전원이 꺼져도 기억해둔 내용이 손실되지 않습니다. 스마트폰의 스토리지와 SSD, 데이터 운반에 적합한 USB 메모리, SD 카드 등에 사용됩니다. USB 메모리와 SD 카드 등을 기록매체recording media라고도 합니다. 레이저광을 이용해 데이터를 읽고 쓰는 CD, DVD, 블루레이 디스크 등의 광학 디스크도 기록 매체입니다.

#보조기억장치 #주기억장치 #반도체 메모리 #플래시 메모리 #USB 메모리
#SD 카드 #CD #DVD #블루레이 디스크

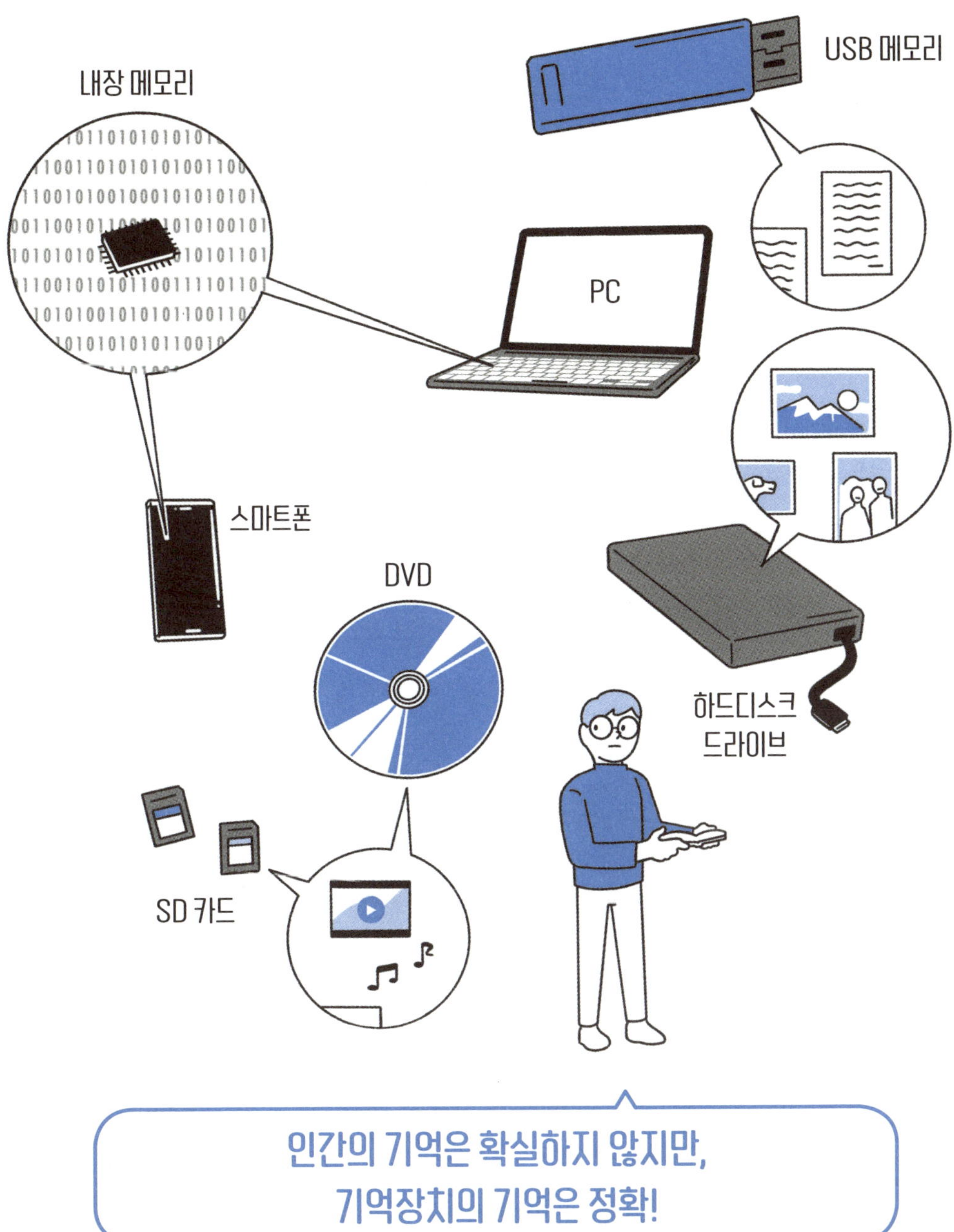
내장 메모리
USB 메모리
PC
스마트폰
DVD
하드디스크
드라이브
SD 카드
인간의 기억은 확실하지 않지만,
기억장치의 기억은 정확!

인터페이스
종류가 다른 시스템들을 서로 연결하기 위한 것

인터페이스는 우리말로 '경계면', '접점'을 뜻하며, IT 분야에서는 사물과 사물, 사람과 사물 사이를 연결하기 위해 정해놓은 규격과 사양을 의미합니다. 컴퓨터 본체와 다른 장치를 연결하는 인터페이스에는 여러 종류가 있으며, 각각 규격과 사양이 다릅니다.

PC와 프린터 등을 연결하기 위해서는 USB나 랜선, 무선 전파를 사용하는 블루투스, 와이파이 등 다양한 인터페이스가 이용됩니다. 이때 연결할 기기 양쪽에서 동시에 지원하는 인터페이스를 이용해야 합니다.

기계끼리 연결하기 위한 규격과 사양을 정해놓은 것을 하드웨어 인터페이스, 인터넷 등 네트워크에 연결하기 위한 인터페이스를 네트워크 인터페이스라고 합니다.

또 사람과 컴퓨터 같은 기계와의 접점을 맨 머신 인터페이스^{man-machine interface} 또는 휴먼 인터페이스^{human interface}라고 합니다. 키보드, 마우스, 디스플레이, 터치스크린 등이 여기에 포함됩니다.

사람이 컴퓨터를 조작할 때는 화면을 보면서 키보드나 마우스, 터치를 통해 입력합니다. 사람과 컴퓨터가 정보를 주고받는 접점을 사용자 인터페이스^{user interface, UI}라고 합니다.

KEYWORD

#하드웨어 인터페이스 #네트워크 인터페이스 #맨 머신 인터페이스 #UI
#사용자 인터페이스

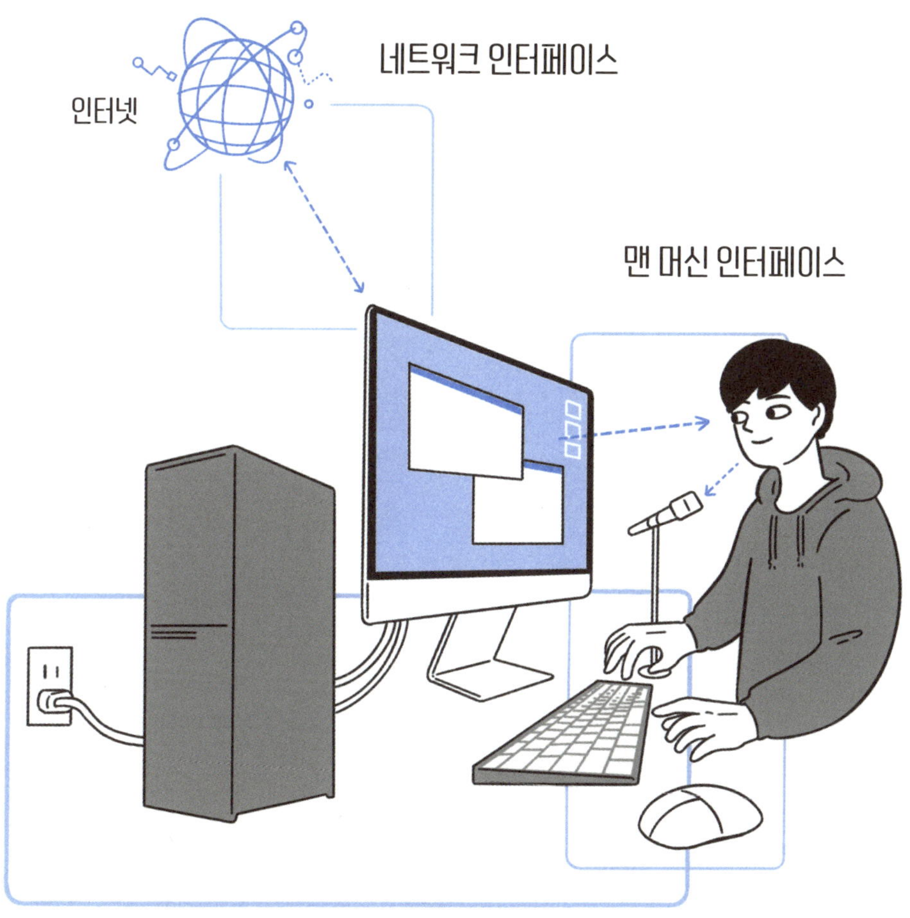

네트워크 인터페이스
인터넷
맨 머신 인터페이스
하드웨어 인터페이스

OS
기본 소프트웨어가 있어 사용이 편리

문서 작성 소프트웨어나 이미지 편집 소프트웨어 등의 응용프로그램을 실행할 때, 해당 소프트웨어만 가지고는 컴퓨터를 작동시킬 수 없습니다. 하드웨어로서의 컴퓨터가 지닌 능력을 효율적으로 사용하기 위해 기본 소프트웨어인 OS가 활용됩니다.

응용프로그램을 실행하려면 프로그램을 메모리(주기억장치)로 이동시키고 CPU에 연산을 시키는 등 하드웨어에 명령을 내려야 합니다.

여러 응용프로그램을 동시에 실행할 경우, 각 응용프로그램이 메모리와 CPU를 효율적으로 사용하게끔 관리해야 합니다. 이처럼 응용프로그램들과 컴퓨터 사이를 중개하는 것이 바로 OS입니다. OS는 'Operating System'의 약자로 운영체제라고도 합니다.

OS에는 여러 종류가 있으며 종류에 따라 기능이 다릅니다. 일반 사용자가 이용하는 PC용 OS로는 마이크로소프트의 윈도 시리즈와 애플의 맥OS 시리즈가 유명합니다. 오픈소스인 리눅스는 서버 컴퓨터용 OS로 널리 이용되고 있습니다. 스마트폰용 OS로는 iOS와 안드로이드가 유명합니다.

#OS #윈도 #맥OS #오픈소스 #리눅스 #서버 컴퓨터 #iOS #안드로이드

친구한테 메시지 보내야지~
OS님, 텍스트 입력과 통신을 부탁합니다.
알겠습니다!
입력 정보를 화면에 표시하고 지정된 IP주소로 데이터를 송신하겠습니다.
OS
[윈도]
[맥OS]
[iOS]
[안드로이드]
마이크로소프트의 PC용 OS
애플의 PC용 OS
애플의 스마트폰용 OS
구글의 스마트폰용 OS

오픈소스
다함께 키워가는 소프트웨어

상품으로 판매되는 소프트웨어의 소스 코드는 일반적으로 공개되지 않습니다. 반면에 오픈소스 소프트웨어는 소스 코드를 공개합니다. 무료로 사용할 수 있고 프로그램의 수정과 재배포가 가능해 '모든 사용자가 함께 개선해가며 자유롭게 사용할 수 있는' 소프트웨어입니다.

상품으로 판매되는 소프트웨어는 프로그래머가 만든 소스 코드를 컴퓨터 작동을 위한 기계어로 변환한 후 시장에 유통하는 것입니다.

기계어는 0과 1만 사용하는 2진법으로 표현된 데이터라서 인간이 해독하기 어렵습니다. 프로그램의 원천인 소스 코드를 공개하지 않는 이유는 소프트웨어 개발을 통해 생기는 권리 및 보안의 확보를 위해서입니다.

반면 오픈소스 소프트웨어는 소프트웨어의 발전과 소프트웨어 자체의 완성도를 높이는 것이 목표입니다. 이러한 콘셉트를 기반으로 하므로 개발에 많은 사람의 손길이 더해집니다. 오픈소스 소프트웨어에 대해서는 미국의 OSI Open Source Initiative라는 단체가 정의를 내렸는데, 사적 이용과 상용 이용을 불문하고 수정과 재배포를 자유롭게 할 수 있는 등의 요건이 포함됩니다.

KEYWORD

#오픈소스 #소스 코드 #프로그래머 #기계어 #OSI

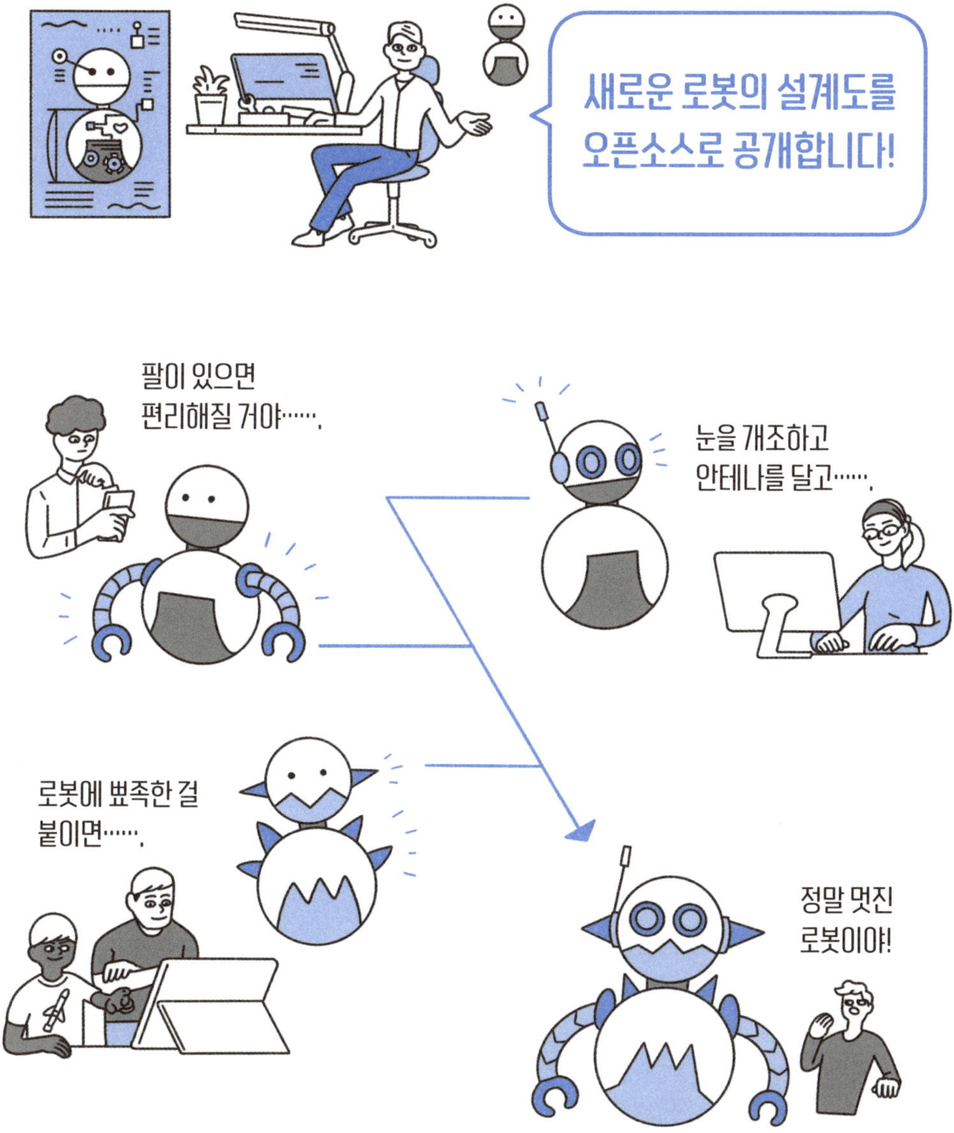

새로운 로봇의 설계도를
오픈소스로 공개합니다!

팔이 있으면
편리해질 거야…….

눈을 개조하고
안테나를 달고…….

로봇에 뾰족한 걸
붙이면…….

정말 멋진
로봇이야!

라이선스 계약
소프트웨어는 허가를 받아 사용

돈을 내고 소프트웨어를 구입하더라도 해당 소프트웨어 자체가 본인 소유물이 되는 것은 아닙니다. 원칙적으로 소프트웨어는 소프트웨어 제조사와 라이선스 계약을 맺고, 계약상 정해진 범위 내에서 사용하는 것만 인정됩니다.

소설이나 그림, 음악, 영화 등이 저작물로서 저작권법의 보호를 받듯, 소프트웨어를 구성하는 프로그램은 저작권법상 저작물로 보호받는 대상입니다.

저작권법으로 보호받는 저작물을 사용하려면 저작권자의 허가를 받아야 하는데 소프트웨어도 마찬가지입니다. 저작권자에게 받는 사용 허가를 라이선스라고 하는데, 사용자는 저작권자인 소프트웨어 제조사와 라이선스 계약을 맺고 소프트웨어를 사용합니다.

라이선스 계약에는 설치할 수 있는 컴퓨터의 대수, 사용 목적, 사용할 수 있는 기간 등이 정해져 있습니다. 사용자는 정해진 범위 내에서 소프트웨어를 사용할 수 있으며, 계약 범위를 넘어서는 사용은 저작권 침해입니다. 소프트웨어를 무단 복제해서 양도하거나 복제품을 판매하는 행위도 저작권 침해 행위에 해당합니다.

KEYWORD

#소프트웨어 제조사 #라이선스 계약 #저작권법 #저작권 침해

라이선스 계약

무단 복제해서 사용하거나
판매하는 것은 금물!

업데이트
소프트웨어도 유지 보수가 필요

소프트웨어는 공개 또는 발매된 후에도 버그(오류)를 해결하기 위한 수정과 개선이 이루어집니다. 설치된 소프트웨어를 버그 해결 및 자잘한 기능이 추가된 최신 상태로 갱신하는 것을 업데이트라고 합니다.

업데이트는 새롭게 발견된 버그 해결, 새로운 기능 추가 및 성능 향상을 위해 행해집니다. 보안 강화를 목적으로 업데이트할 때도 많은데, 업데이트하지 않으면 버그가 악용되어 컴퓨터가 멀웨어라는 악성 프로그램에 감염될 수 있기 때문입니다.

새로운 기능을 추가하거나 조작 화면을 개편하는 등 대대적인 변경을 통해 별개의 소프트웨어로 새롭게 발매·공개하는 경우, 이미 설치된 오래된 소프트웨어를 새로운 소프트웨어로 교체합니다. 이를 버전 업 또는 업그레이드라고 합니다.

개발사에서는 수정 및 개선 전 소프트웨어와 새로운 소프트웨어가 구별되도록 버전이라는 번호로 관리합니다. 윈도10이나 iOS13에서 '10'이나 '13'이 버전입니다. 버전 업일 때는 12에서 13처럼 앞자리가 아예 바뀌고, 업데이트일 때는 13.1.1에서 13.1.2처럼 뒷자리의 번호가 바뀝니다.

KEYWORD

#버그 #업데이트 #보안 #멀웨어 #버전 업 #업그레이드

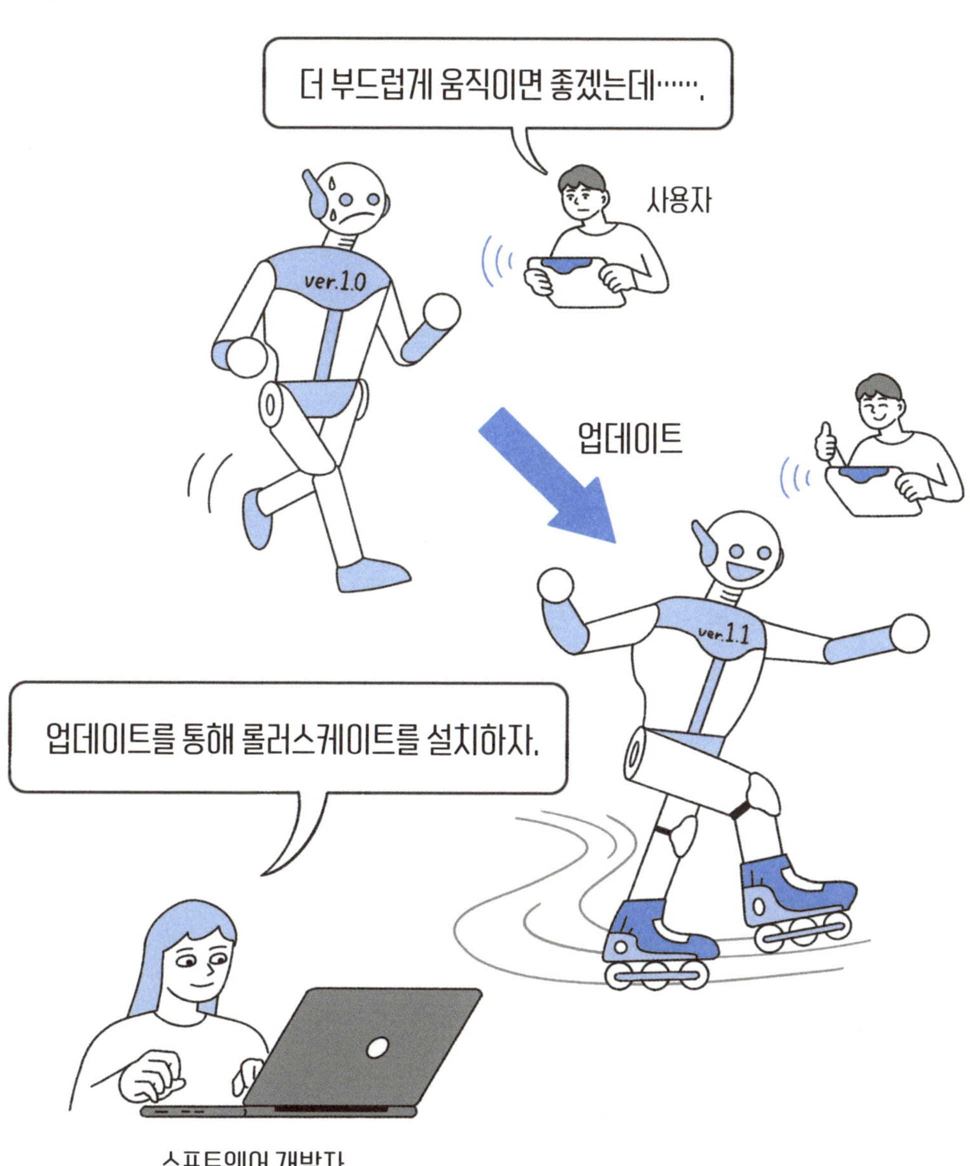

더 부드럽게 움직이면 좋겠는데…….
사용자
ver.1.0
업데이트
ver.1.1
업데이트를 통해 롤러스케이트를 설치하자.
소프트웨어 개발자

트랜지스터
딸깍딸깍 스위치를 켰다 껐다……

컴퓨터의 주요 부분은 트랜지스터라는 작은 부품을 조합해 만듭니다. 트랜지스터는 반도체로 만든 전자 부품으로, 미약한 전기 신호를 강하게 만드는 증폭 기능, 전자 회로에서 ON-OFF를 고속으로 전환하는 스위칭 기능을 갖고 있습니다.

컴퓨터를 비롯한 전자기기의 작동에는 전기가 필요합니다. 트랜지스터는 전기의 흐름을 제어하는 부품으로 다양한 전자기기에 이용되고 있습니다. 가장 대중적인 것은 다리 세 개(단선 전선)가 달린 수 밀리미터의 원통형 트랜지스터입니다. 트랜지스터 여러 개를 작은 패키지에 집어넣은 것이 IC(집적회로)입니다.

트랜지스터의 주요 기능은 증폭과 스위칭입니다. 예를 들어 라디오는 미약한 신호를 수신하지만, 트랜지스터가 증폭시켜(신호의 세기를 크게 만들어) 스피커에서 커다란 소리가 나게 만듭니다.

트랜지스터의 스위칭 기능은 컴퓨터에서 사용되는 2진법의 0과 1을 표시하기 위해 사용됩니다. 2진법의 1은 스위치의 ON(전류가 흐르고 있음), 0은 스위치의 OFF(전류가 흐르지 않음) 상태를 나타냅니다.

KEYWORD

#트랜지스터 #반도체 #전기 신호 #증폭 기능 #스위칭 기능 #전자기기
#IC #2진법

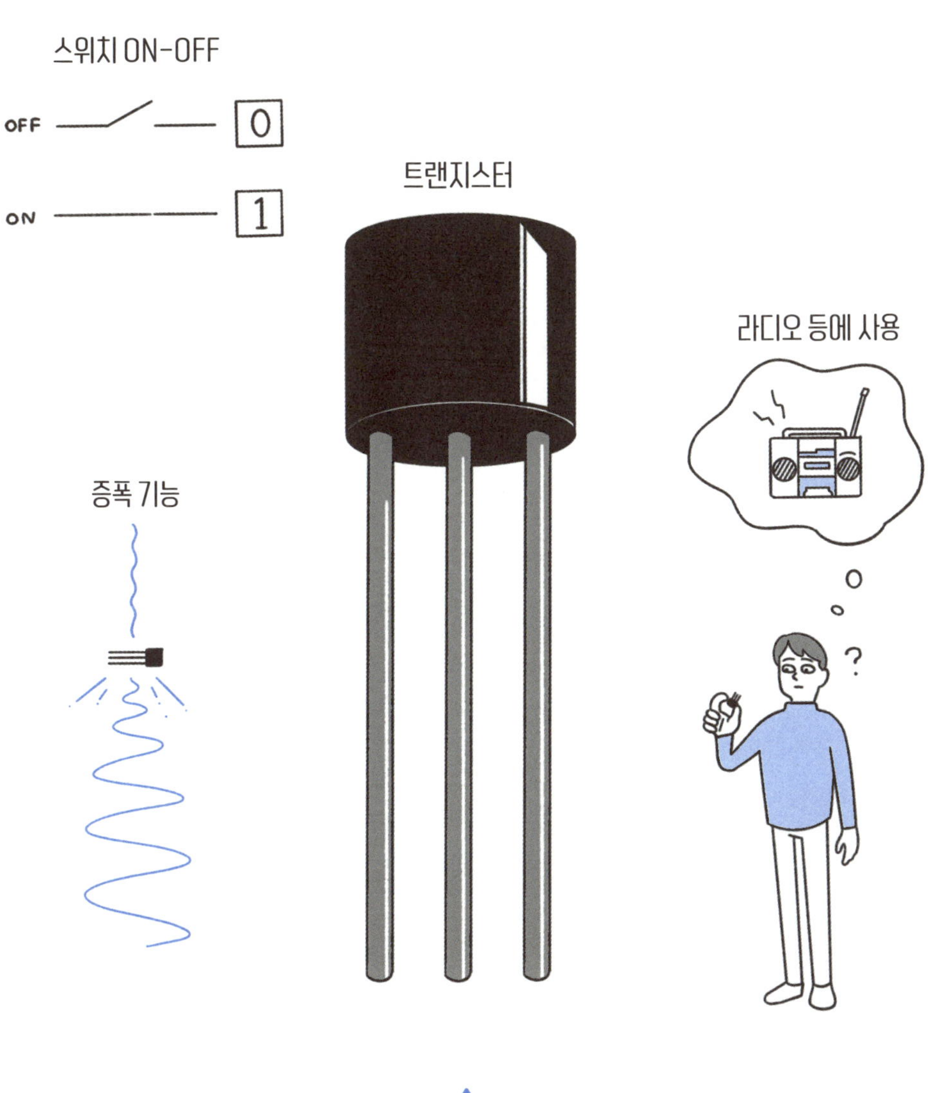

컴퓨터의 중심적 역할을 담당하는 트랜지스터

집적회로(IC)
트랜지스터를 최대한 많이 집어넣은 것

집적회로 Integrated Circuit, IC는 반도체 칩상에 트랜지스터 등의 전자 소자를 여러 개 모아 만든 전자 부품입니다. 컴퓨터의 경우 연산·제어를 수행하는 CPU, 기억을 담당하는 메모리(주기억장치) 등의 중요 부품은 IC 형태로 제조됩니다.

IC의 구성 요소는 트랜지스터 등의 기능을 지닌 소자(전기 회로를 구성하는 요소)입니다. 트랜지스터는 전자 회로의 스위치로서 작동합니다. 컴퓨터의 심장부인 CPU는 방대한 스위치의 조합으로 초고속 계산을 수행합니다. 현재 컴퓨터를 비롯한 대부분의 전자기기에 IC가 사용되고 있습니다.

1965년에는 IC에 들어가는 트랜지스터의 수가 18개월마다 2배로 증가할 것이라는 예측이 발표되었습니다. 이를 '무어의 법칙'이라 합니다. 1개의 IC에 들어가는 트랜지스터의 수를 집적도라고 하는데, 기술이 발전함에 따라 IC의 집적도는 더 높아지고, 크기는 더 작아지며, 소비 전력은 더 줄어들고, 처리 속도는 더 빨라졌습니다. 집적도가 높은 것은 LSI Large Scale Integration(고밀도 집적회로), VLSI Very LSI(초고밀도 집적회로)라고 합니다. 현재는 10억 개가 넘는 트랜지스터가 1개의 IC에 집적되어 있습니다.

#집적회로 #IC #반도체 #트랜지스터 #무어의 법칙 #집적도 #LSI #VLSI

트랜지스터 여러 개가 칩 안에 들어 있는 구조

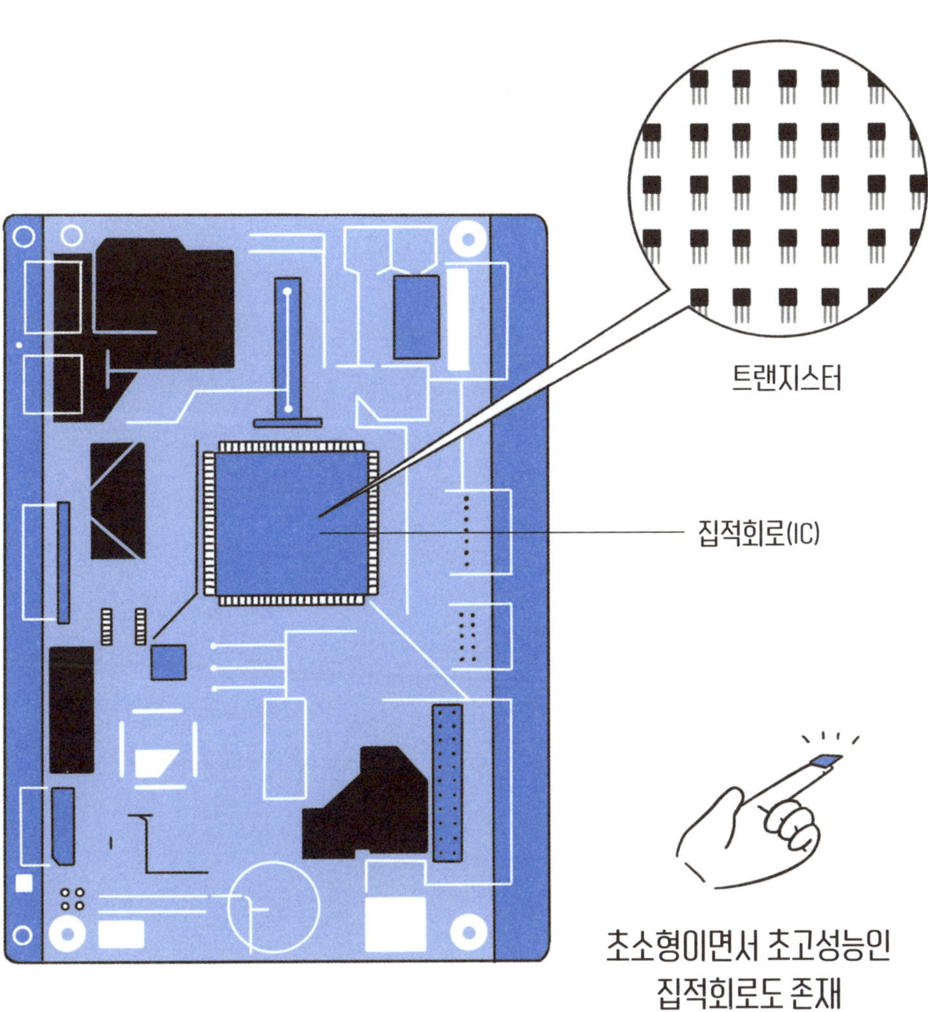
트랜지스터
집적회로(IC)
초소형이면서 초고성능인
집적회로도 존재

슈퍼컴퓨터
컴퓨터의 발전은 어디까지?

컴퓨터는 계산이 주특기인데, 더 복잡하고 규모가 큰 계산을 하려면 고성능 컴퓨터가 필요합니다. 이를 위해 탄생한 것이 바로 슈퍼컴퓨터입니다. PC의 계산 속도가 달팽이라면, 슈퍼컴퓨터의 계산 속도는 제트기 수준입니다.

기상 예측, 신약 개발, 대규모 시뮬레이션 및 빅데이터 분석 등 과학 기술 연구를 중심으로 고성능 대형 컴퓨터의 필요성이 대두되었습니다. 슈퍼컴퓨터(줄여서 슈퍼컴)는 처리 능력이 높은 CPU(컴퓨터의 중추로 문제를 처리하는 장치)를 여러 개 병렬로 작동시켜 고성능을 실현합니다. CPU 1개로는 엄청나게 오래 걸리는 복잡한 문제를 세분화해서 수만 개의 CPU로 동시에 처리하는 구조입니다. 2020년 6월 기준 슈퍼컴 성능 순위에서 세계 1위를 차지한 일본의 '후가쿠富岳'는 15만 개의 CPU를 보유하고 있습니다.

최근에는 기존의 컴퓨터와는 전혀 다른 원리로, 양자역학에 기반한 양자컴퓨터가 개발되고 있습니다. 2019년 구글은 자사에서 개발 중인 양자컴퓨터가 슈퍼컴으로는 1만 년이 걸릴 문제를 몇 분 만에 풀어냈다는 사실을 발표했습니다.

KEYWORD

#슈퍼컴퓨터 #대규모 시뮬레이션 #빅데이터 분석 #양자역학 #양자컴퓨터

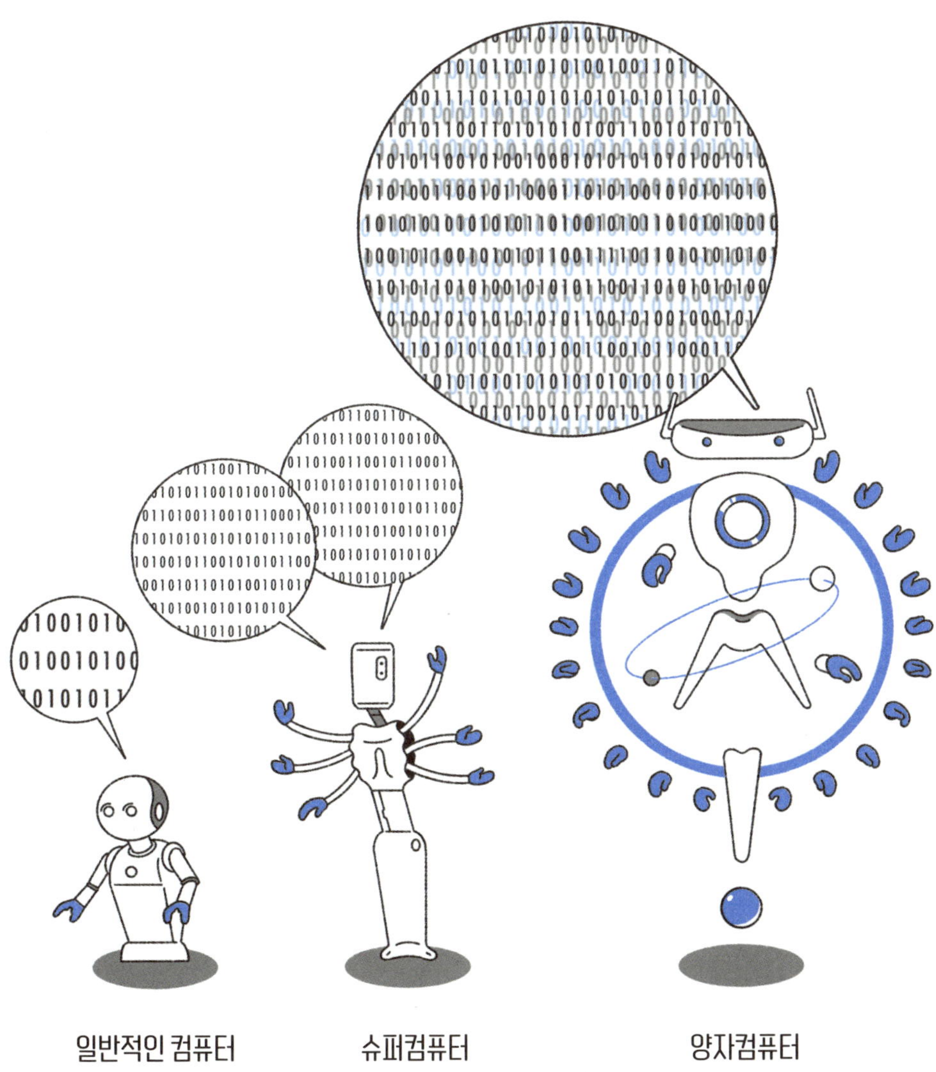

성능이 좋은 컴퓨터일수록 고속으로 대량의 계산을 소화

일반적인 컴퓨터
슈퍼컴퓨터
양자컴퓨터

인터넷
세계적인 규모로 연결된 거대한 통신 네트워크

통신 기능을 지닌 컴퓨터 등을 서로 연결해 통신할 수 있도록 만든 상태를 통신 네트워크 또는 간단히 줄여 네트워크라고 합니다. 여러 네트워크를 차례차례 연결해 세계적인 규모로 확장시켜 누구나 이용할 수 있게 만든 것이 바로 인터넷입니다.

네트워크의 형태와 규모는 다양합니다. 회사나 학교에서처럼 제한된 범위에서 이용하는 소규모 네트워크를 랜LAN, Local Area Network (근거리 통신망)이라고 합니다. 가정 내에서 PC나 프린터, 스마트폰 등을 서로 연결하는 것도 랜입니다. 랜에는 케이블을 사용해서 연결하는 유선 랜과 전파를 사용해서 연결하는 무선 랜(와이파이)이 있습니다.

본사의 랜과 지사의 랜처럼 떨어진 장소에 있는 랜끼리 연결해 광역 네트워크를 형성할 수도 있습니다. 이런 네트워크를 랜에 대응하는 말로 왠WAN, Wide Area Network (광역 통신망)이라고 합니다.

전 세계에 무수히 존재하는 랜과 왠을 연결한 거대 네트워크가 바로 인터넷입니다. 인터넷에 연결함으로써 랜과 왠의 외부에 있는 컴퓨터끼리 서로 통신할 수 있습니다.

#통신 네트워크 #네트워크 #인터넷 #랜 #유선 랜 #무선 랜 #왠

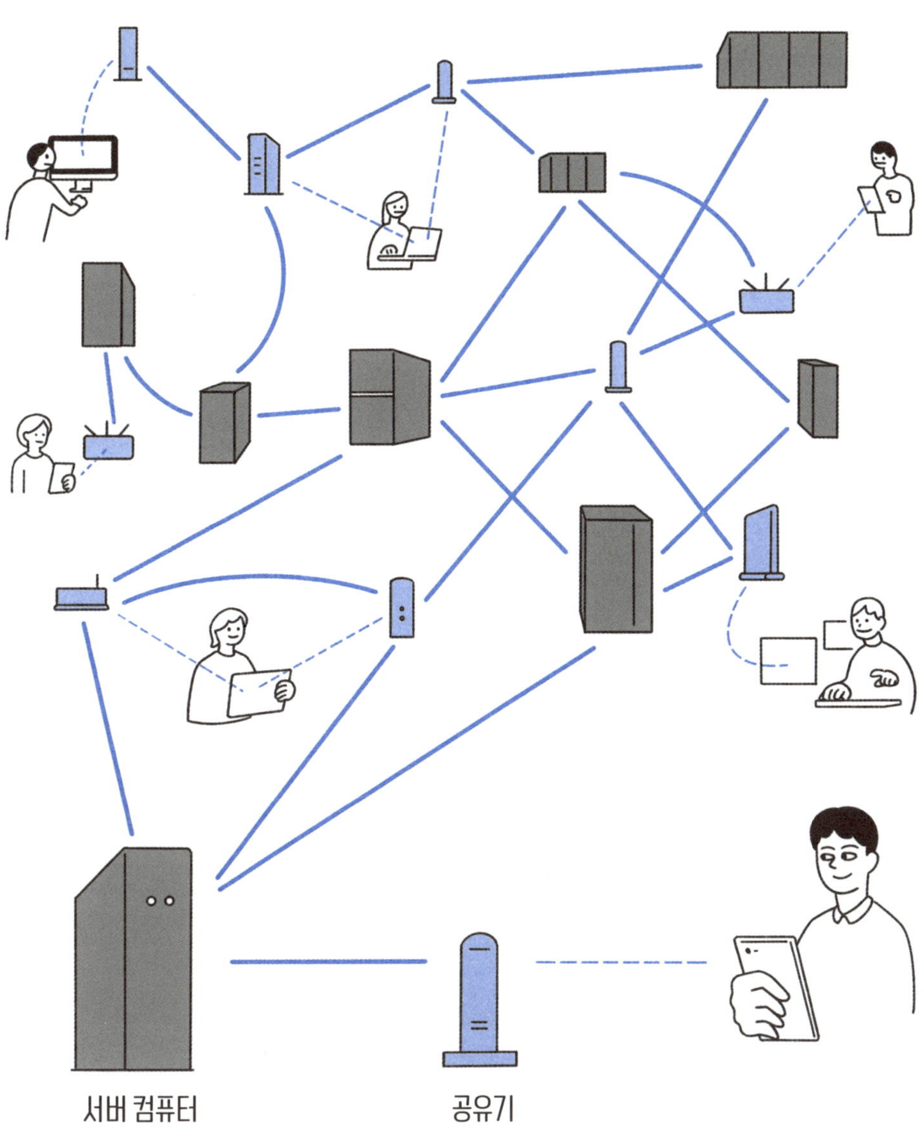

인터넷에서 그물망처럼 서로 연결된 컴퓨터
서버 컴퓨터
공유기

공유기
PC와 스마트폰을 동시에 인터넷에 연결

가정이나 회사에서 PC나 스마트폰 등 여러 대의 단말을 인터넷에 연결하려면 공유기가 필요합니다. 공유기는 네트워크끼리 연결하기 위한 장치입니다. 랜선이나 무선 랜(와이파이)을 이용해 단말을 연결합니다.

광회선 등의 인터넷 연결 서비스를 계약해서 이용하려면 일단 회선종단장치가 있어야 합니다. 컴퓨터에서 이용하는 디지털 신호와 광회선에 흐르는 신호는 다른데, 회선종단장치가 이를 변환해줍니다. 회선종단장치에 컴퓨터 같은 단말을 직접 연결해도 인터넷을 이용할 수 있지만, 한 대뿐만 아니라 여러 대의 단말을 동시에 이용하고 싶다면 공유기라는 장치가 있어야 합니다.

공유기는 네트워크에서 네트워크로 중계와 전송을 하기 위한 장치입니다. 가정에서 이용하는 경우, 가정 내의 랜이라는 네트워크와 인터넷 서비스 업체ISP, Internet Service Provider의 네트워크를 연결해 데이터를 중계합니다.

가정에서 사용되는 공유기는 대부분 무선 랜 등 다양한 기능을 제공하며, 회선종단장치와 일체형인 공유기도 존재합니다.

KEYWORD

#공유기 #무선 랜 #회선종단장치 #디지털 신호 #광회선 #랜 #네트워크
#인터넷 서비스 업체

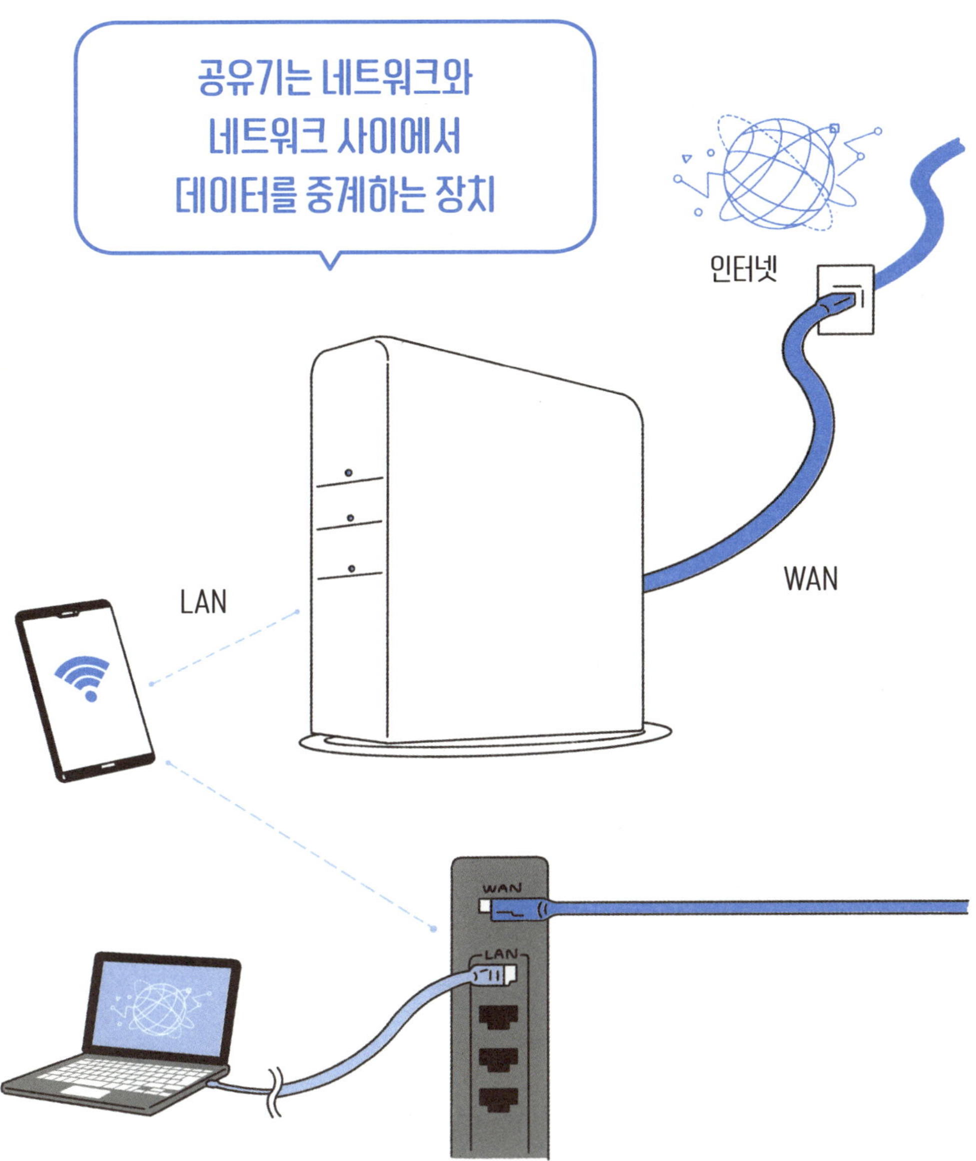

공유기는 네트워크와
네트워크 사이에서
데이터를 중계하는 장치
인터넷
WAN
LAN
WAN
LAN

와이파이
전파를 사용해 통신하는 방법 중 하나

무선 통신 방식에는 다양한 종류가 있는데, 그중 하나가 무선 랜입니다. 무선 랜의 국제 표준 규격으로 보급된 것이 IEEE 802.11 시리즈이며, IEEE 802.11 시리즈 규격의 무선 랜에 대한 별칭이 바로 와이파이입니다.

무선 랜은 전파를 사용해 네트워크 내에서 통신하는 기술을 말합니다. 와이파이는 무선 랜 보급을 추진하는 국제적인 기업 연합체인 와이파이 얼라이언스Wi-Fi Alliance에서 정한 브랜드명으로, PC나 스마트폰 등의 무선 랜 단말이 IEEE 802.11 시리즈를 지원하고 있다는 인증을 받으면 와이파이라는 명칭과 로고를 사용할 수 있습니다. 현재는 와이파이를 무선 랜과 같은 의미로 사용할 때가 많습니다.

무선 랜의 경우, 본체인 액세스 포인트(기기)에 부속 장치인 무선 랜 단말을 연결하여 통신합니다. 액세스 포인트는 각각 고유의 식별명ESSID을 가지며, 무선 랜 단말 접속 시 이것이 지정됩니다. 전파는 누설될 우려가 있어, 통신 내용을 숨기기 위해 일반적으로 WPA2 등의 암호화 방식이 사용됩니다. 암호화 방식을 사용하는 무선 랜을 이용할 때는 식별명과 함께 비밀번호를 지정합니다.

#무선랜 #IEEE 802.11 시리즈 #와이파이 #액세스 포인트 #ESSID #WPA2

생활 반경 곳곳에 떠다니는 와이파이 전파

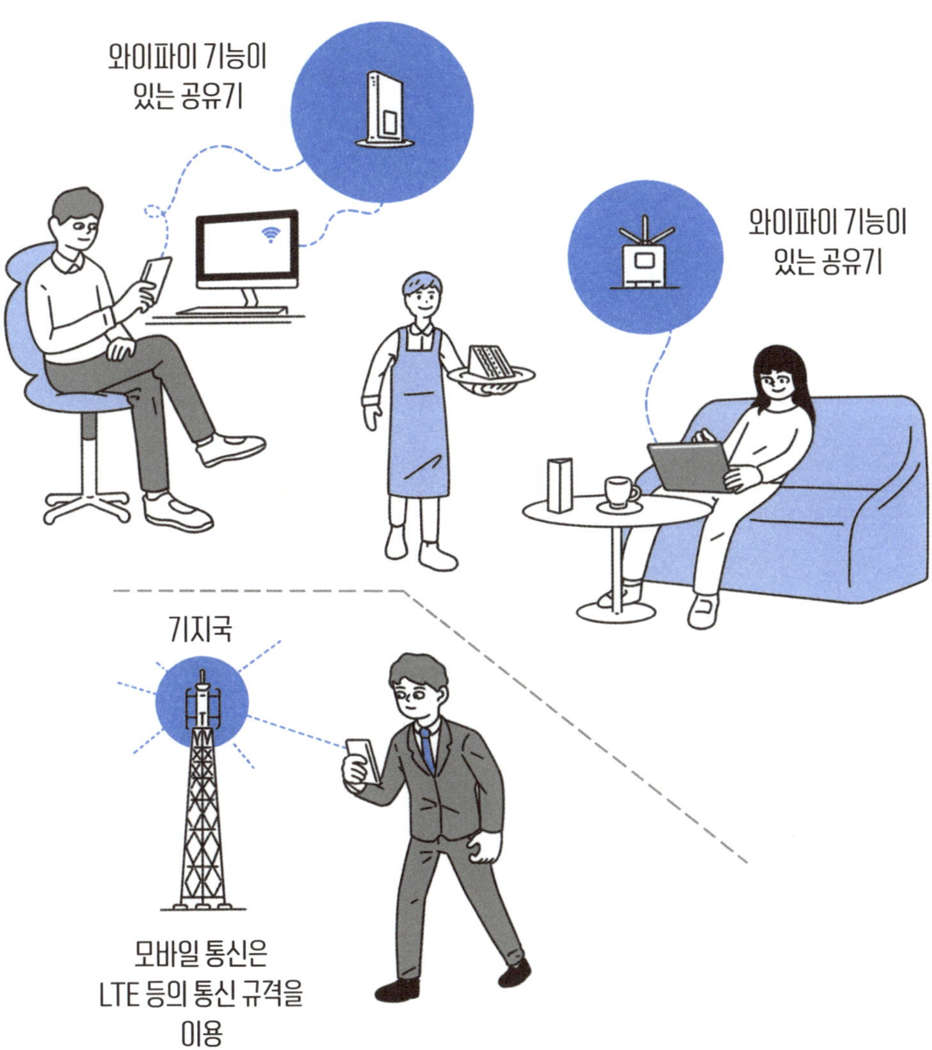

웹페이지
인터넷 세상에서 정보를 보는 단위

인터넷상에는 다양한 정보가 공개되어 있는데, 이 정보들은 웹페이지라는 단위로 제공됩니다. 웹페이지를 방문하기 위한 구조가 WWW World Wide Web 입니다. 웹페이지는 웹서버가 제공하며, 웹브라우저는 해당 데이터를 받아 보여줍니다.

WWW에서는 웹브라우저가 웹서버에 웹콘텐츠(웹페이지로 제공되는 정보의 내용)를 요청 Request 하고 웹서버가 이를 보내줍니다. 웹페이지끼리는 하이퍼링크라는 구조로 연결되어 있어, 방문 중인 웹페이지에서 다른 웹페이지로 쉽게 이동할 수 있습니다. 월드와이드웹은 하이퍼링크가 거미줄 web 모양으로 전 세계에 퍼져 있다는 데서 유래한 용어입니다.

현재 인터넷에서는 다양한 서비스가 제공되고 있습니다. 이 서비스들은 웹브라우저를 통해 이용 가능합니다. 웹페이지에 서비스 조작 화면이 표시되고, 이를 조작하면 정보가 웹서버로 전송되며, 웹서버에서는 다양한 응용프로그램을 사용해 이를 처리하고 결과를 보내줍니다. 이처럼 WWW 기술을 기반으로 이용되는 응용프로그램을 웹 애플리케이션이라고 합니다.

KEYWORD

#웹페이지 #WWW #웹브라우저 #웹서버 #웹콘텐츠 #웹 애플리케이션

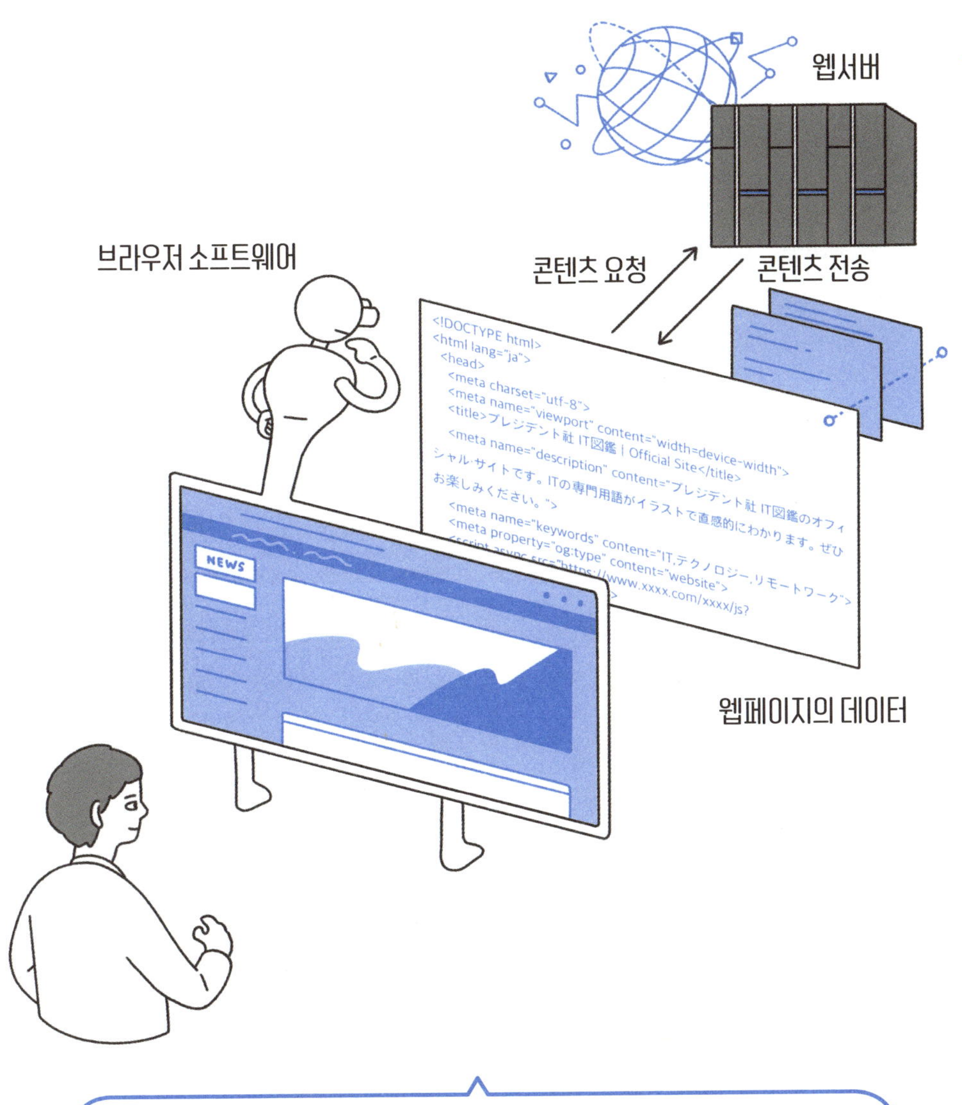

사람을 위해 웹페이지를 보기 쉽게 만들어주는
브라우저 소프트웨어

HTML과 CSS
전달 정보는 HTML로, 전달 방식은 CSS로

웹페이지상에서 전달하고자 하는 내용(정보)과 그 구조는 HTML이라는 언어를 사용해 작성합니다. 웹페이지상에서 전달하고자 하는 정보를 더욱 잘 전달하려면 비주얼과 디자인을 잘 정리해야 합니다. 이를 위해 CSS라는 스타일 시트가 사용됩니다.

웹페이지는 HTML HyperText Markup Language과 CSS Cascading Style Sheets를 사용해 작성합니다.

HTML은 웹페이지로 '무엇을' 전달할지를 위해, CSS는 '어떤 형식으로' 전달할지를 위해 사용됩니다. HTML 문서 중의 글꼴, 색, 크기, 표시 위치, 배경 등 비주얼에 관한 지정은 CSS로 합니다. 예전에는 문서의 비주얼도 HTML로 지정하곤 했는데, 지금은 비주얼과 문서 구조를 분리하기 위해 스타일에 관한 내용은 모두 CSS를 사용하게 되었습니다.

HTML과 CSS로 역할을 분담하기 때문에, 디자인을 변경하고 싶을 때는 CSS만 변경하면 됩니다. 표시하는 디바이스의 종류에 따라 표시 형식을 변경하는 반응형 웹 디자인 Responsive Web Design도 CSS 설정을 통해 가능해졌습니다.

KEYWORD

#웹페이지 #HTML #CSS #스타일 시트 #반응형 웹 디자인

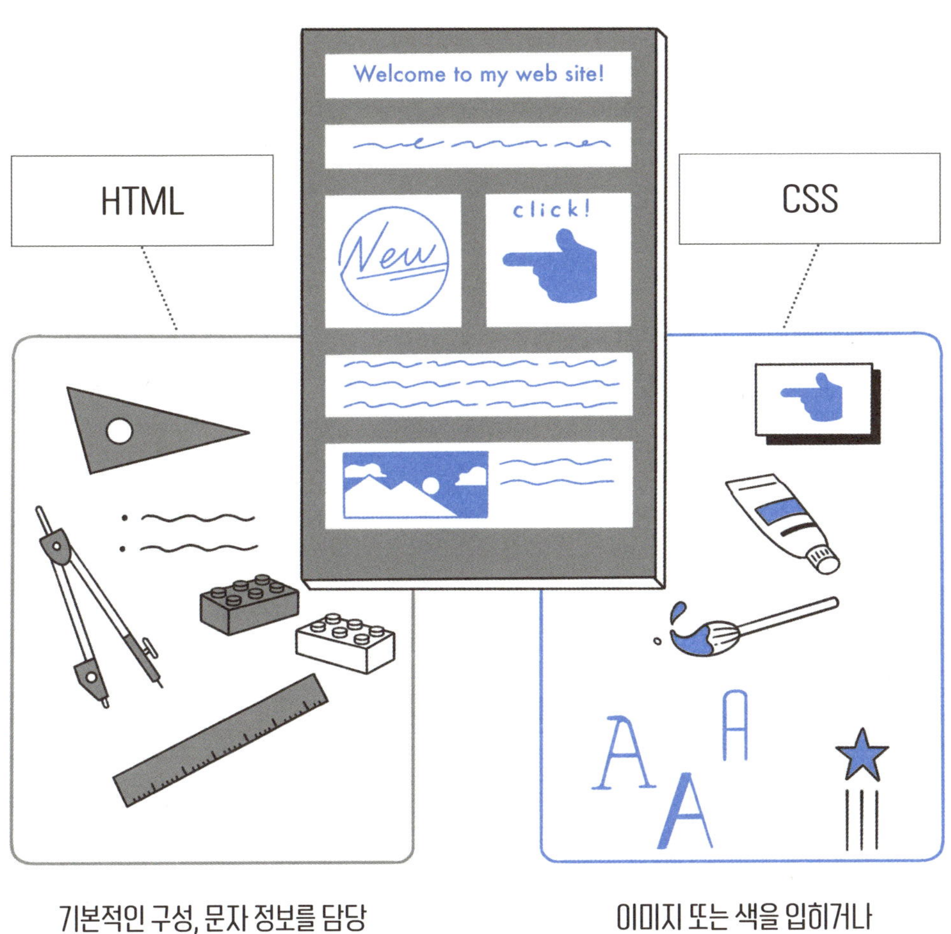

기본적인 구성, 문자 정보를 담당

이미지 또는 색을 입히거나
애니메이션으로
눈에 잘 들어오게 만듦

URL
웹페이지는 어디에 보관될까?

웹을 방문할 때 브라우저 주소창에 http 또는 https로 시작하는 문자열을 입력합니다. 이 문자열이 URL Uniform Resource Locator인데, 인터넷상 어딘가에 보관되어 있는 웹페이지 장소를 특정하기 위한 작성 방법입니다.

웹브라우저는 웹서버라는 컴퓨터에, URL로 지정한 웹페이지의 데이터를 요청해 가져옵니다. URL은 웹페이지를 얻어 오기 위한 통신 수단 Scheme(스킴)과 웹페이지의 보관 장소를 특정하는 주소입니다.

일반적인 웹페이지는 스킴명에 http를 지정합니다. 통신 내용이 암호화되었다면 https가 이용됩니다. 장소를 표시하는 방법은 보관 장소에 따라 다른데, 기본적으로는 웹서버 이름, 웹서버 안에 있는 파일의 보관 장소 순으로 표시합니다.

예를 들어 http://www.example.com/new/sample.html이라는 URL의 경우 www.example.com이라는 웹서버에 new라는 폴더가 존재하고, 이 안에 있는 sample.html이라는 파일을 요청한다는 의미입니다.

#URL #웹 #웹브라우저 #주소창 #http #https #웹서버 #웹페이지

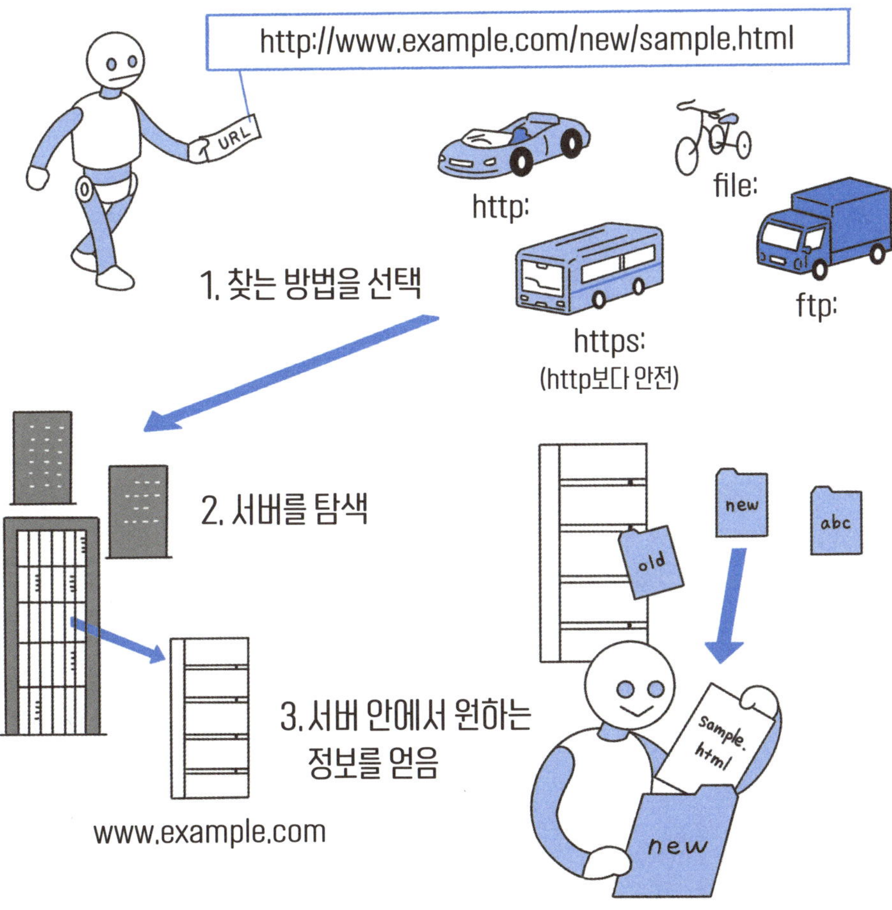

원하는 정보가 있는 장소와
가는 방법이 적혀 있는 URL

http://www.example.com/new/sample.html

URL

http:

https:
(http보다 안전)

file:

ftp:

1. 찾는 방법을 선택

2. 서버를 탐색

www.example.com

3. 서버 안에서 원하는
정보를 얻음

old

new

abc

sample.
html

new

스트리밍
TV처럼 볼 수 있는 전송 기술

스트리밍이란 인터넷상의 음악·동영상 전송 서비스에 이용되는 기술입니다. 다운로드가 끝나기를 기다렸다가 재생하는 방식과 달리 음악이나 동영상 데이터를 조금씩 받으면서 재생하는 방식으로, 라이브 방송에도 활용되고 있습니다.

인터넷을 통해 파일을 제공하는 서버에서 데이터를 내려 받는 것을 다운로드라고 합니다. 인터넷상에서 동영상을 시청할 때, 원래였다면 서버에서 시청하려는 동영상 파일을 전부 다운로드 받은 뒤 재생해야 했습니다.

스트리밍은 다운로드를 기다리지 않고 바로 재생하는 기술로 개발된 것입니다. 서버에서 소량의 데이터를 일정한 속도로 보내주면 시청하는 쪽에서 이것을 바로 재생합니다. 재생된 파일을 시청하는 단말상에 저장되지 않게끔 설정할 수도 있어, 스트리밍 서비스를 제공하는 쪽 입장에서는 콘텐츠의 2차 사용을 방지할 수 있습니다.

스트리밍은 아니지만, 데이터가 어느 정도 다운로드되고 나면 재생이 이루어지는 프로그레시브 다운로드progressive download라는 방식이 이용되기도 합니다.

#스트리밍 #음악·동영상 전송 서비스 #라이브 방송 #다운로드
#프로그레시브 다운로드

강물이 흐르듯 차례차례 흘러 들어오는
데이터를 볼 수 있는 통신 방법

흘러 들어오는 물의 양(통신량)이
많을수록 끊김 없이 볼 수 있음

한번 저장해두면
언제든 볼 수 있음

UI와 UX
보고 만지는 부분은 UI, 느끼는 부분은 UX

사용자 인터페이스^{UI}란 제품 및 서비스와 그 사용자^{user}의 접점을 뜻하는 것으로, 사용자가 눈으로 보는 부분, 만지는 부분을 가리킵니다. 사용자 경험^{UX}이란 사용자가 제품 및 서비스 이용을 통해 얻을 수 있는 체험 및 경험을 말합니다.

컴퓨터의 경우 키보드나 마우스, 터치패널 등의 조작 및 이용 상황과 조작 결과의 화면 표시 등이 UI$^{User Interface}$에 포함됩니다. 사용자가 이용하기 쉽게끔 웹사이트를 디자인하는 것도 UI의 일종입니다.

하드웨어(제품)나 소프트웨어(서비스)에서 사용자의 눈에 보이는 부분, 손으로 만지는 부분 모두가 UI입니다. 사용자가 봤을 때 쉽게 이해되고 조작하기 편하다면 UI가 뛰어나다는 의미입니다.

UX$^{User Experience}$란 말 그대로 사용자의 체험 또는 경험인데, 사용자가 제품 및 서비스를 이용하면서 받는 인상이 평가와 직결됩니다. UI의 좋고 나쁨은 사용성으로 이어져, 사용성이 좋으면 UX가 높아지고 사용성이 나쁘면 UX가 낮아집니다. 즉 UX를 높이려면 UI를 어떻게 설계하는지가 중요한 요소로 작용합니다.

KEYWORD

#UI #UX #사용자 #키보드 #마우스 #터치패널 #웹사이트 #디자인

이 모든 것이 전부 UX
UI
맛있는 와인이 마시고 싶어.
이 앱은 와인을 검색하기 편해!
맛있어!

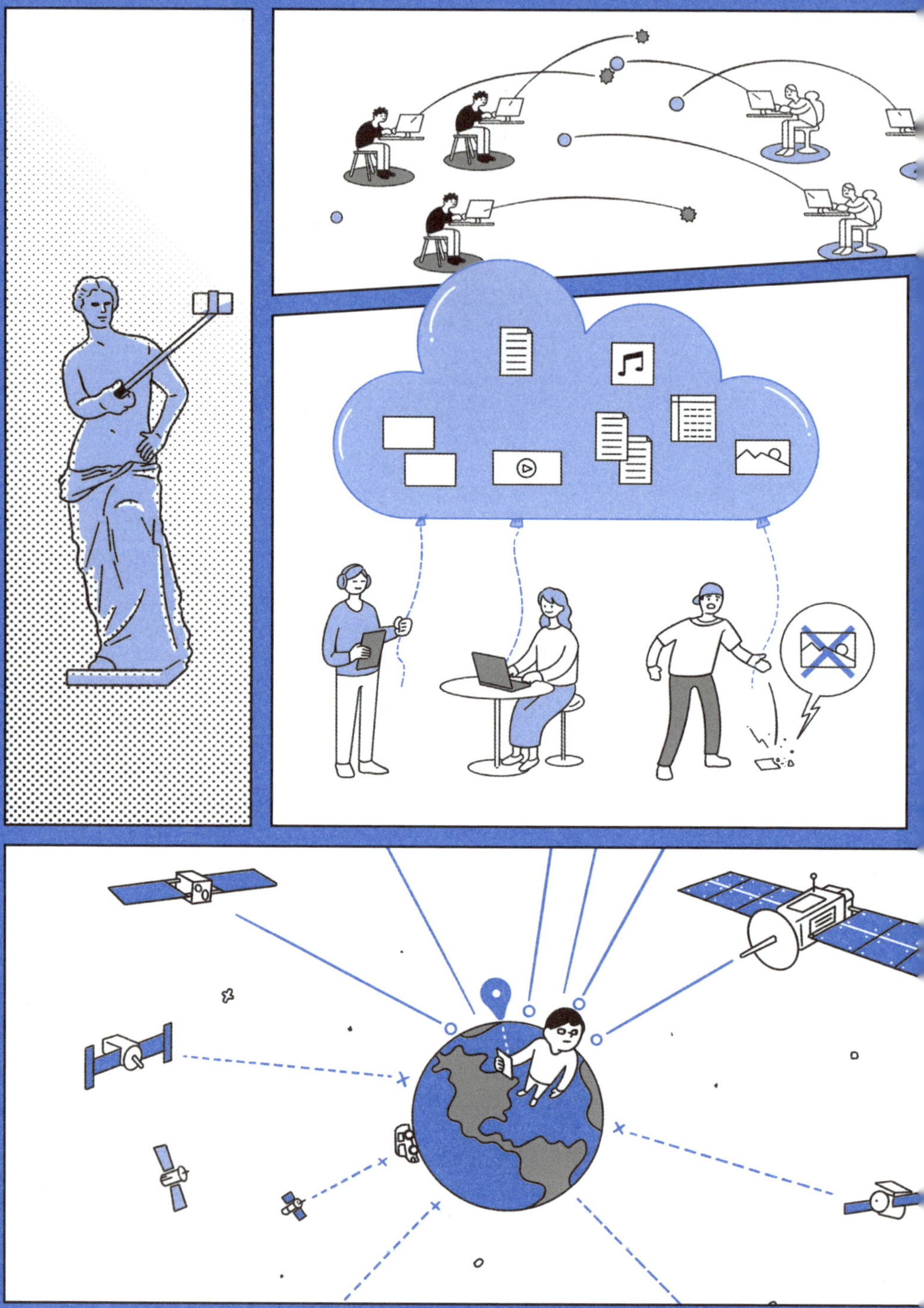

제2장

테크놀로지의 활용

'스마트폰으로 동영상을 보는' 행위의 이면에는 클라우드, 프로그래밍, IP주소, 압축 등 수많은 기술이 숨어 있습니다. 또 편리한 테크놀로지에는 위험이 따르는 법이므로 암호화 등 안전에 관련된 기술도 존재합니다. 이번 장에서는 우리에게 친숙한 테크놀로지의 이면에 있는 다양한 기술에 관해 소개합니다.

서버와 클라이언트
서비스를 제공하는 사람과 받는 사람

컴퓨터와 네트워크 세계에서는 다양한 목적을 실현하기 위한 기능이 서비스로 제공됩니다. 서비스를 제공하는 쪽의 컴퓨터 또는 소프트웨어를 서버라고 합니다. 서비스를 이용하는 쪽의 컴퓨터 또는 소프트웨어를 클라이언트라고 합니다.

웹 시스템을 비롯해 IT 시스템 대부분은 서버와 클라이언트가 역할을 분담해 가동합니다. 예를 들어 웹 시스템에서는 클라이언트가 웹브라우저, 서버가 웹서버입니다. 웹브라우저가 콘텐츠를 요청하면 요청에 따라 웹서버가 콘텐츠를 제공하는 구조라고 보면 됩니다. 웹 이외에도 인터넷을 통해 각종 서비스를 이용한다면, 인터넷상의 어딘가에 서비스를 제공하는 서버가 존재하고, 스마트폰이나 PC 등으로 서비스 이용을 요청하는 것이 됩니다.

이처럼 서버와 클라이언트가 역할을 명확하게 분담해 처리하는 시스템을 클라이언트 서버 시스템client-server system이라고 합니다. 서버와 클라이언트처럼 명확하게 역할을 분담하지 않고 여러 컴퓨터가 대등한 관계로 정보를 주고받으면서 처리하는 시스템을 피어투피어P2P, peer-to-peer라고 합니다.

#서버 #클라이언트 #웹 시스템 #웹브라우저 #웹서버
#클라이언트 서버 시스템 #P2P

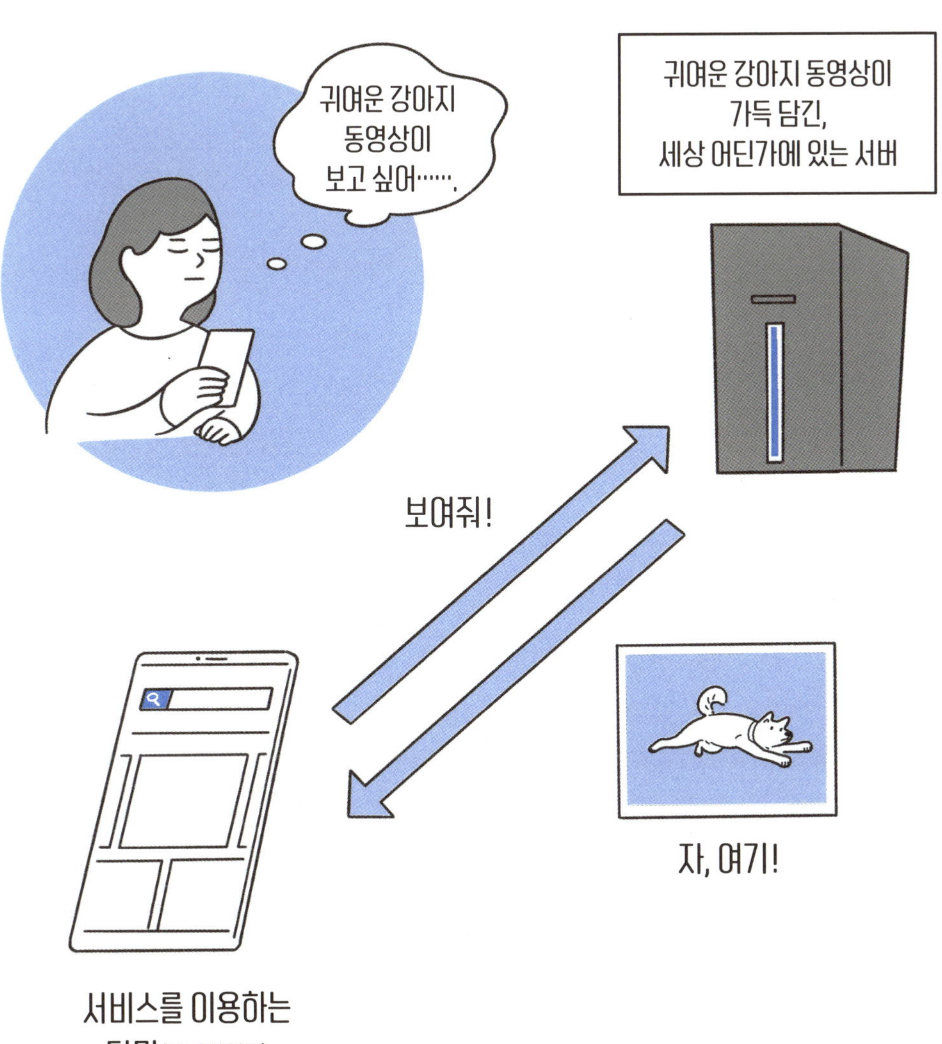
귀여운 강아지 동영상이 보고 싶어…….
귀여운 강아지 동영상이 가득 담긴, 세상 어딘가에 있는 서버
보여줘!
자, 여기!
서비스를 이용하는 단말(클라이언트)

클라우드
'구름' 속에 존재하는 데이터와 소프트웨어

클라우드 컴퓨팅cloud computing이란 인터넷을 경유해 하드웨어나 소프트웨어 등의 서비스를 이용하는 형태를 말합니다. 클라우드라는 용어는 컴퓨터 시스템을 그림으로 나타낼 때 네트워크를 구름cloud 모양으로 표현한 데서 유래합니다.

아이클라우드iCloud 같은 온라인 스토리지, 지메일Gmail 등의 이메일은 클라우드를 이용하는 서비스입니다. 사용자는 스마트폰을 사용하는 것처럼 보이지만, 실제로는 인터넷상에 있는 데이터나 소프트웨어를 사용하는 것입니다.

클라우드 컴퓨팅은 인터넷상의 서비스 제공에도 이용되고 있습니다. 서비스 제공 사업자는 필요한 자원(하드웨어나 소프트웨어)을 자사가 보유하지 않고, 인터넷을 경유해 자원을 제공하는 클라우드 사업자로부터 이용권을 구입해 이용합니다. 클라우드 사업자는 자원의 보관·제공 장소인 데이터 센터를 소유하고 있습니다. 이렇게 인터넷을 경유해 자원을 제공하면, 서비스 제공 사업자는 하드웨어나 소프트웨어 도입에 드는 비용이나 유지 및 보수 비용을 부담하지 않아도 됩니다. 그러나 누구나 이용할 수 있는 인터넷상에 있다 보니 악의적인 공격을 받기 쉬우므로, 클라우드 사업자는 데이터의 안전에 만전을 기해야 합니다.

KEYWORD

#클라우드 컴퓨팅 #온라인 스토리지 #클라우드 사업자 #데이터 센터

[단점]
자기 수중에 없는 만큼,
외부 공격에 노출될
위험성이 있음
단말기가 고장 나더라도 클라우드상에
데이터가 저장되어 있다면 데이터 복구 가능

가상화
한정된 리소스를 효과적으로 최적화하여 사용하는 구조

가상화란 실제로는 없는 '사물'을 소프트웨어를 통해 만들어낸다는 뜻입니다. 가상화를 통해 물리적으로는 한 대밖에 없는 하드웨어가 여러 대 있는 것처럼 보이게 할 수 있습니다. 반대로 여러 대의 하드웨어를 가상화로 통합해 한 대처럼 보이게 할 수도 있습니다.

클라우드 컴퓨팅을 비롯해 컴퓨터를 이용하려면 CPU, 메모리, OS, 스토리지, 서버 컴퓨터 등 다양한 리소스(자원)가 있어야 합니다. 가상화란 한정된 리소스를 효율적으로 사용하기 위한 구조입니다.

클라우드 컴퓨팅의 경우, 가상화를 통해 물리적으로는 한 대인 서버 컴퓨터에 가상으로 여러 대의 컴퓨터(가상 머신)를 만들어냅니다. 이런 구조를 통해 여러 명의 사용자가 공유할 수 있게 되는 것입니다. 가상의 서버를 만들어내는 이 과정을 서버 가상화라고 부릅니다.

가상화하는 대상에 따라 다양한 가상화가 존재하는데, 데스크톱 가상화, 애플리케이션 가상화 등이 있습니다. 데스크톱 가상화와 애플리케이션 가상화는 서버 쪽에서 관리하는 데스크톱과 애플리케이션을 사용자의 이용 환경에 맞추어 가상으로 만들어내 제공하는 것입니다.

#가상화 #서버 컴퓨터 #가상 머신 #서버 가상화 #데스크톱 가상화
#애플리케이션 가상화

컴퓨터는 한 대밖에 없지만
각자 사용하고자 하는 용도가
다를 때……

용도에 맞춰 컴퓨터를
분할(한 것처럼)하여 이용 가능!

개인 정보
'당신'을 특정하는 중요한 정보

현재의 정보 사회에서는 대량의 개인 정보가 수집되어 다양한 목적으로 이용되고 있습니다. 개인 정보의 부적절한 이용, 빈번히 발생하는 유출 사건 등에 따라 개인 정보를 적절히 관리하려는 움직임이 국내외에서 커지고 있습니다. EU(유럽연합)의 GDPR 시행은 그런 움직임 중 하나입니다.

정보 사회에서 다른 무엇보다 가치가 높은 정보가 바로 개인 정보입니다. GAFA(구글, 애플, 페이스북, 아마존)를 필두로 하는 플랫폼 기업(플랫포머)을 비롯해 많은 기업이 대량의 개인 정보를 확보해 수익을 내고 있습니다.

개인 정보를 제공하면 무료 서비스를 누리거나 본인에게 적합한 상품 및 서비스를 제안받을 수 있습니다. 반면, 제공 후 개인 정보가 어떻게 관리되는지는 파악할 수 없습니다. 개인 정보가 적절히 다루어지지 않는다면 프라이버시 침해 문제로도 이어집니다.

2018년 유럽에서는 개인 정보 취급을 더욱 엄격하게 규제하기 위한 GDPR^{General Data Protection Regulation}(개인 정보 보호 규정)이 시행되었습니다. 이 규정은 개인 정보 관리 권한을 개인에게 부여함을 명문화하는 한편, EU 지역 이외로 개인 정보를 이전하는 것을 엄격하게 제한하는 것이 특징입니다. 이를 위반하면 거액(최대 전 세계 연간 매출의 4%)의 벌금이 부과됩니다.

#개인 정보 #GDPR #EU #프라이버시 #GAFA #플랫포머 #플랫폼 기업

우리도 개인 정보가
탐나는데…….
GAFA 등의
플랫폼 기업
GDPR

생체 인증
신체 정보를 이용해 안전성 높이기

범죄 증거로 지문이 채택되듯 지문은 개인 고유의 것입니다. 컴퓨터나 시스템, 서비스에 로그인하기 위해 사용자의 지문 등이 이용되는 경우가 있습니다. 이처럼 개인 고유의 신체 정보를 인증에 사용하는 방법을 생체 인증이라고 합니다.

컴퓨터나 시스템, 서비스에 접근하려면 본인 인증을 해야 합니다. 대부분 ID와 비밀번호의 조합이 인증 정보로 이용되는데, 비밀번호를 사용하지 않는 인증 방식을 채택하는 사례가 늘고 있습니다. 그중 하나가 바로 생체 인증입니다.

생체 인증에는 지문, 손가락 또는 손바닥의 정맥 패턴, 눈동자의 홍채나 망막 등의 생체 정보가 이용됩니다. 걸음걸이, 눈의 깜빡임과 같은 신체의 움직임뿐만 아니라 필적, 목소리가 이용되기도 합니다.

비밀번호가 본인만 '아는' 정보라면 생체 인증은 본인만 '가진' 정보입니다.

생체 인증은 생체 정보를 컴퓨터나 시스템의 인증 시스템에 등록하고 로그인할 때 대조 확인함으로써 로그인을 허가합니다. 친숙한 사례로는 스마트폰이나 PC 로그인, 은행의 ATM, 출입국 관리 등을 들 수 있습니다.

KEYWORD

#인증 #생체 인증 #생체 정보 #지문 #정맥 패턴 #홍채 #망막 #인증 시스템

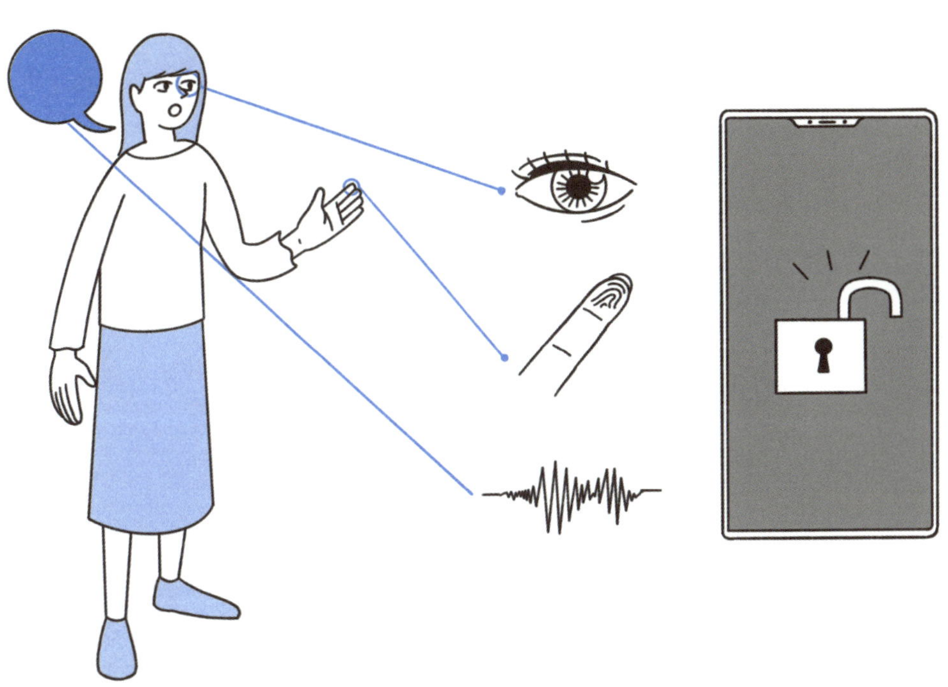
자신만 가지고 있는 고유 정보를 사용함으로써
보안 수준을 높임

GPS
현재 내가 있는 위치를 어떻게 알 수 있을까?

GPS Global Positioning System는 인공위성을 사용해 현재 위치를 측정하기 위한 시스템으로, 전 지구 측위 시스템이라고 합니다. 전용 GPS 위성이 발신하는 신호를 GPS 수신기로 받아 현재 위치의 위도 경도 정보 등을 산출합니다. 미국이 운영하고 있습니다.

GPS는 원래 미국이 군사용으로 개발한 것으로, 쏘아 올려진 30기 정도의 GPS 위성이 고도 $20,000km$ 궤도를 돌고 있습니다. 이 중에서 상공에 있는 몇 기로부터 위성 위치를 알려주는 GPS 신호를 받아 현재 위치를 측정합니다. GPS 수신기는 스마트폰, 자동차 내비게이션, IoT 디바이스 등에 탑재되어 있습니다.

구글맵과 같은 지도 앱으로 현재 있는 곳의 주변 정보를 알아보거나, 목적지까지 가는 경로나 걸리는 시간을 알아보려면 현재 위치를 알아야 하므로 GPS가 이용됩니다. '포켓몬 고'와 같은 위치 기반 게임을 즐기거나, 분실한 스마트폰을 찾을 때도 GPS가 이용됩니다.

한편 SNS에 올린 사진에는 위치 정보가 포함되어 있으므로 주소 등 프라이버시 정보가 유출될 위험성이 있습니다.

#GPS #인공위성 #GPS 수신기 #자동차 내비게이션 #IoT 디바이스
#지도 앱 #위치 기반 게임

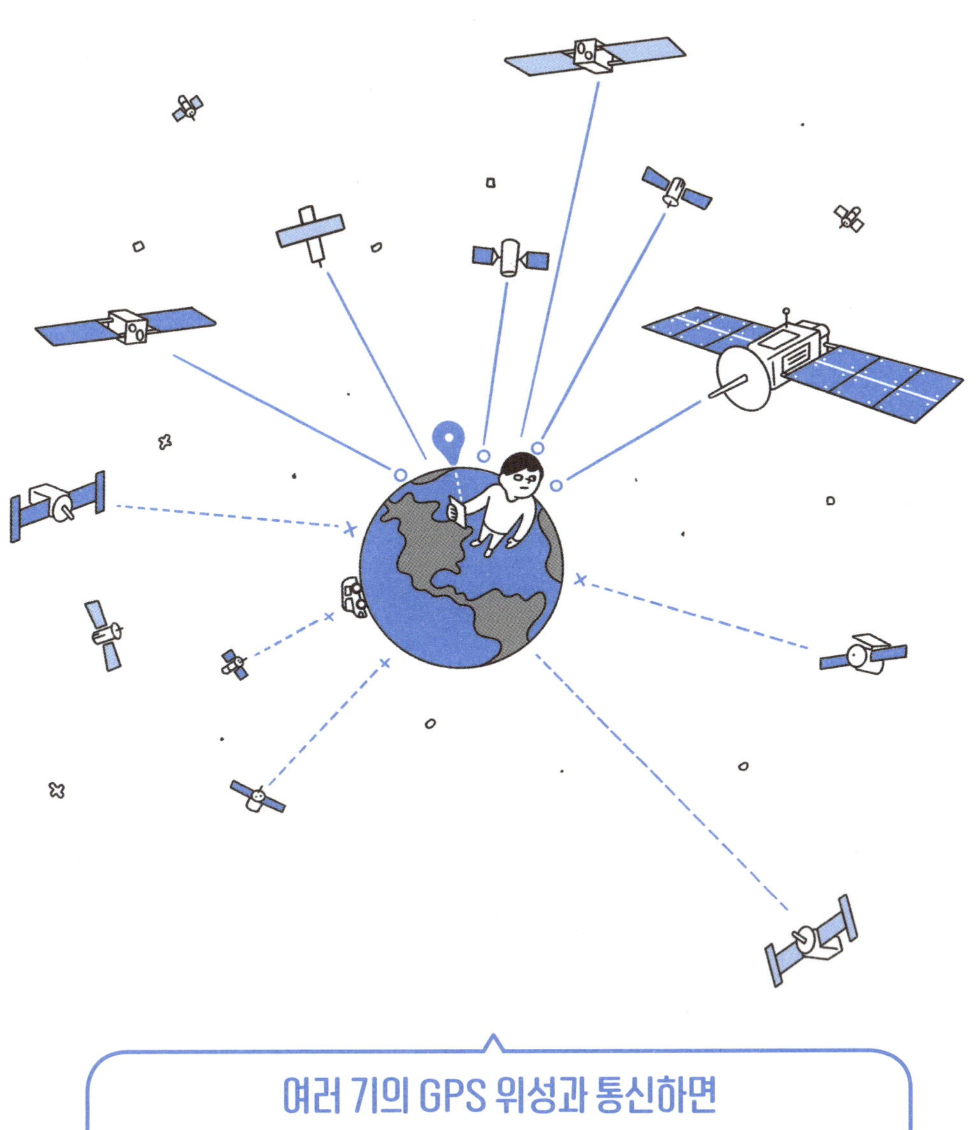

여러 기의 GPS 위성과 통신하면
사용자의 정확한 위치 파악이 가능

반도체
IT의 기초가 되는 광물

반도체는 전기가 통하는 성질과 전기가 통하지 않는 성질을 동시에 가진 물질입니다. 컴퓨터는 0 또는 1의 값만으로 모든 정보를 처리합니다. 0 또는 1의 정보를 전달하기 위해 반도체가 지닌 독특한 성질, 즉 전기가 통하거나ON, 통하지 않는OFF 성질을 이용합니다.

금속처럼 전기가 잘 통하는 물질을 '도체', 도자기나 유리처럼 전기가 거의 통하지 않는 물질을 '절연체'라고 합니다.

반도체는 도체와 절연체의 중간적인 성질을 지녀서, 어떨 때는 전기가 통하고 어떨 때는 전기가 통하지 않는 물질입니다. 전기 저항(전기가 얼마나 잘 흐르는지를 나타내는 값)이 커지면 전류가 잘 흐르지 않고, 전기 저항이 작아지면 잘 흐릅니다.

반도체의 재료로는 규소(원소 기호 Si)나 게르마늄(원소 기호 Ge) 등이 있으며, 현재는 규소가 가장 많이 사용되고 있습니다.

트랜지스터나 IC(집적회로) 등의 전자 부품 또한 반도체를 이용해 만듭니다.

반도체는 스마트폰이나 PC 등 컴퓨터를 비롯해 게임기, TV, 냉장고, LED 전구, 자동차, 의료 기기 등 다양한 전자 제품에 이용되고 있습니다.

KEYWORD

#반도체 #도체 #절연체 #전기 저항 #규소 #게르마늄 #트랜지스터 #IC
#전자 부품

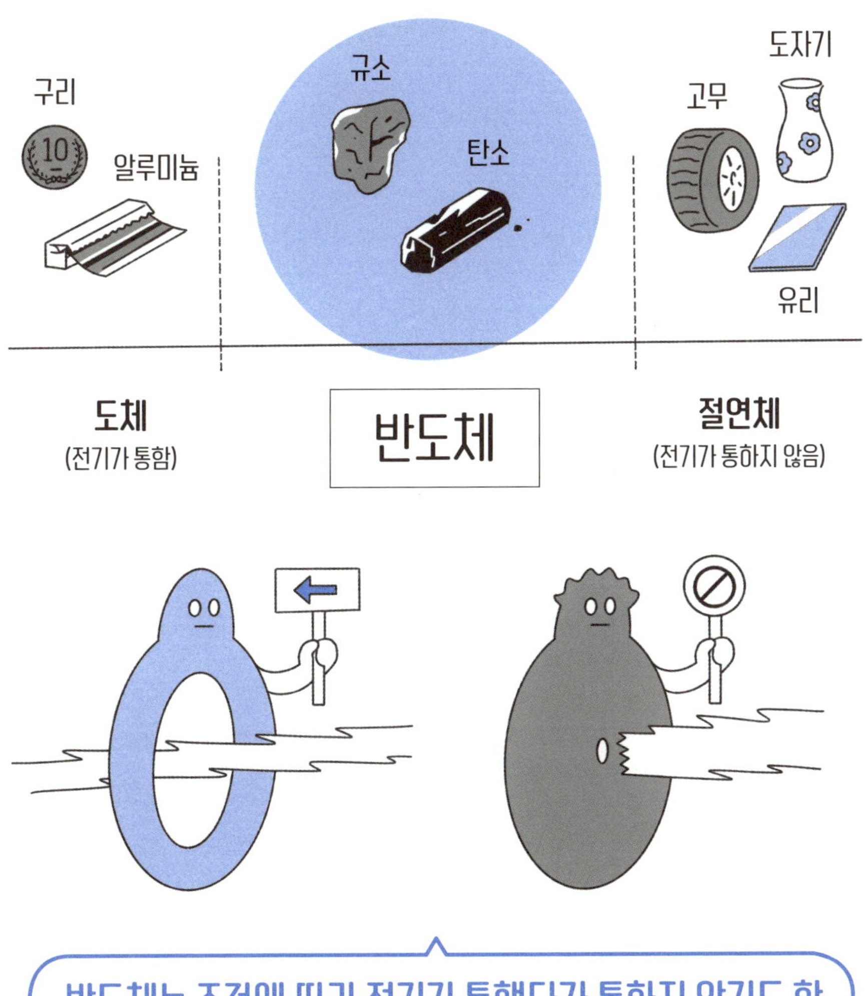

반도체는 조건에 따라 전기가 통했다가 통하지 않기도 함

프로그래밍
컴퓨터가 할 일을 명령

프로그래밍이란 컴퓨터를 작동시키기 위한 프로그램을 만드는 일입니다. 컴퓨터로 무언가를 처리하려 할 때 이미 존재하는 프로그램이 있다면 그것을 사용하면 되지만, 없다면 프로그래밍을 통해 프로그램을 새롭게 만들어야 합니다.

프로그래밍이란 사람의 의도대로 처리하도록 컴퓨터에 지시를 내리는 행위를 말합니다.

컴퓨터가 이해할 수 있는 것은 0 또는 1이라는 두 종류의 숫자뿐인데, 이를 기계어라고 합니다. 사람이 기계어를 구사해 프로그램을 만들기는 어려우므로 쉽게 프로그래밍할 수 있는 프로그래밍 언어를 사용합니다.

프로그래밍 언어로 작성한 프로그램의 문자열을 소스 코드라 부릅니다. 프로그래밍할 때는 프로그래밍 언어의 '어휘'와 '문법'에 맞게 소스 코드를 작성하고 파일 상태로 저장합니다. 프로그래밍 언어로 작성된 프로그램은 컴퓨터가 이해할 수 있는 기계어로 변환된 뒤 실행됩니다.

프로그래밍 언어로는 C언어와 C++, 자바Java, 파이선Python, 루비Ruby 등 여러 종류가 있으며 용도에 따라 구분해서 사용합니다.

#프로그래밍 #프로그램 #기계어 #프로그래밍 언어 #소스 코드

5-3의 답을
화면에 표시해줘.
int result = 5 - 3;
System.out.print(result);
???
이것입니다.
2
사람의 언어를 그대로
이해하지 못하는 컴퓨터

C언어와 C++
고전적인 언어들

C언어는 1970년대 개발된 명령형 프로그래밍 언어입니다. 펄Perl을 비롯한 많은 언어가 C언어를 기반으로 만들어졌습니다. 유닉스UNIX라는 OS도 C언어로 작성되었습니다. C++는 C언어에 객체 지향 개념을 적용한 언어입니다.

오래전부터 쓰인 C언어는 프로그래머가 작성해야 할 사항이 많고 난이도가 높은 언어입니다. 그러나 자유도와 범용성이 높아 뭐든지 가능한 프로그래밍 언어이기도 합니다. 대응하는 기기의 범위가 넓어 슈퍼컴퓨터에 사용되기도 하고, 가전이나 공장 기계 등에서 작동하는 임베디드 소프트웨어를 작성하는 데도 흔히 사용됩니다.

C++는 C언어의 진화형으로 역시 난이도가 높은 것이 특징입니다. 대규모 시스템이나 고성능을 요구하는 프로그램에 폭넓게 사용됩니다. 객체 지향 프로그래밍도 지원하는데, 자바Java가 출현하면서 객체 지향 개발 언어의 주류에서 밀려났습니다. 객체 지향 프로그래밍이란 데이터와 그 데이터를 처리하는 방법(절차)을 '객체object'라는 하나의 단위로 묶은 다음, 이를 조합해 프로그램을 작성하는 기법입니다.

#프로그래밍 언어 #C언어 #명령형 #펄 #유닉스 #C++ #자바 #객체 지향

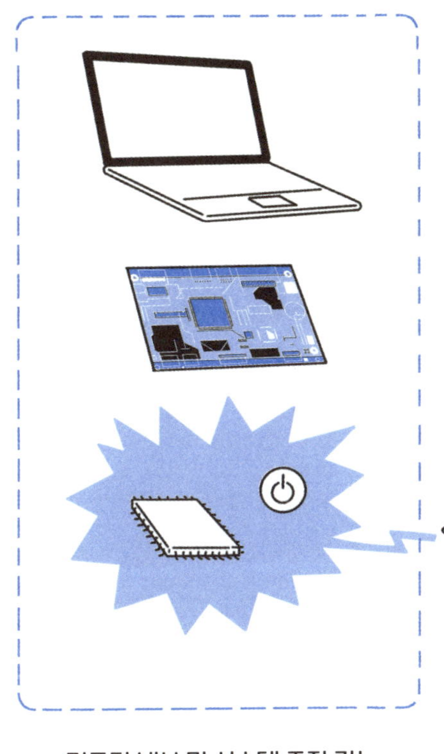

컴퓨터 내부 및 시스템 조작 가능

C의 자손인 C++

C의 사촌인 C#

자바
객체 지향 언어의 대명사

1995년 등장한 자바^{Java}는 C언어와 C++를 기반으로 개발된 객체 지향 프로그래밍 언어입니다. 처음에는 제한적인 용도로 이용되었으나 지금은 웹브라우저상에 애니메이션을 구현하는 등 다양한 방면에서 활용되고 있습니다.

자바는 컴퓨터의 기종과 OS 종류 등의 제한을 받지 않고 서로 다른 환경에서도 프로그램이 똑같이 작동하도록 개발되었습니다. 가전 등의 임베디드 시스템, 게임 소프트, 스마트폰 앱, 은행의 기간계 시스템^{backbone system}(기업 경영의 '기간[근간]'이 되는 부분을 관리하는 IT 시스템—옮긴이) 등 많은 소프트웨어가 자바로 만들어졌습니다. 자바는 원래 선 마이크로시스템즈^{Sun Microsystems}가 개발한 언어로, 오픈소스 소프트웨어(소스 코드가 무상으로 개발·공개되어 수정과 재배포를 자유롭게 할 수 있는 소프트웨어)로 발전시켜 왔습니다. 이후 이 회사는 오라클^{Oracle}에 인수되었는데, 오라클이 자바 개발을 계속하면서 당초의 '오픈소스'에 대한 정의가 애매해지기도 했습니다.

구글의 안드로이드도 자바를 이용해 개발되었다며 오라클이 구글에 특허권 및 저작권 침해를 이유로 소송을 제기해, 오랫동안 법정 공방이 이어지기도 했습니다(2021년 4월, 미국 연방대법원은 구글의 자바 사용이 '공정 이용^{fair use}'에 해당한다며 구글에 최종 승소 판결을 내림—옮긴이).

KEYWORD

#프로그래밍 언어 #자바 #오픈소스 소프트웨어 #안드로이드

한 번 프로그램을 만들면
여러 제품에 넣어 가동 가능
다양한 환경에서 가동!
웹서비스
가전
게임
다양한 상황에 활용되는 자바

파이선
AI 분야에서 실적을 쌓은 언어

파이선은 1991년 등장한 프로그래밍 언어입니다. 난이도가 높은 C언어 등에 비해 구조가 단순해 쉽게 작성할 수 있다는 장점이 있습니다. 풍부한 기능을 제공하는 라이브러리library 덕분에 폭넓은 용도로 활용할 수 있습니다.

파이선은 무상으로 이용할 수 있는 오픈소스 스크립트 언어로, 고도의 실용적·학술적 언어입니다. 스크립트 언어란 이해하기 쉽고 단순한 구조가 특징인 경량 프로그래밍 언어를 말합니다.

파이선의 특징 중 하나는 광범위한 분야에 활용할 수 있는 풍부한 라이브러리가 제공된다는 점입니다. 라이브러리는 특정 기능을 수행하는 프로그램을 여러 개 모아두고 호출해서 사용할 수 있게 한 것입니다. 복잡하고 중요한 부분은 라이브러리 호출을 통해 처리할 수 있으므로, 많은 소스 코드를 작성하지 않고도 다양한 처리를 실현할 수 있습니다. 예를 들어 딥러닝(심층 학습) 처리는 텐서플로TensorFlow라는 명칭의 파이선 라이브러리가 담당합니다. 따라서 텐서플로는 딥러닝 및 기계학습의 대명사로 자리매김했습니다.

#프로그래밍 언어 #파이선 #스크립트 언어 #라이브러리 #텐서플로 #딥러닝
#기계학습

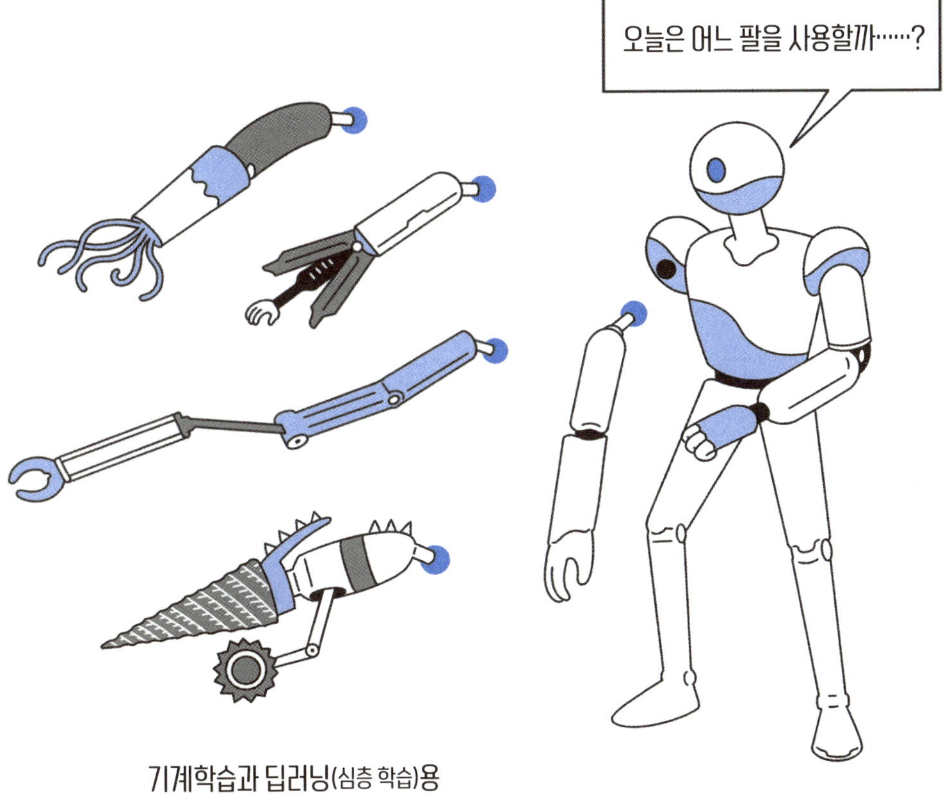

기계학습과 딥러닝(심층 학습)용
라이브러리가 많이 마련된 파이선

자바스크립트
액션에 액션으로 답하는 언어

자바스크립트는 웹브라우저에 이용하기 적합한 프로그래밍 언어입니다. 자바스크립트를 이용하면 인터랙티브interactive(대화하듯 조작하는 형식)한 표현이 가능해집니다. 웹페이지에 들어간 자바스크립트 프로그램이 웹브라우저상에서 실행됩니다.

원래 사용자가 웹브라우저상에서 어떤 식으로든 조작을 하면 웹서버가 처리한 뒤 그 결과를 웹브라우저에 전송합니다. 웹페이지의 일부분을 아주 조금 바꾸는 정도의 작은 처리도 이런 식으로 데이터를 주고받다 보니 결과가 표시되기까지 대기 시간이 발생하고 웹서버에도 부하가 걸렸습니다. 자바스크립트는 웹브라우저의 UI(사용자 인터페이스)에 혁신을 가져다준 언어입니다.

자바스크립트를 활용하면 웹서버를 거치지 않고 바로 웹브라우저상에서 처리가 가능합니다. 사용자의 조작에 신속히 대응할 수 있으며, 움직임이 가미된 화려한 콘텐츠까지 구현할 수 있습니다. 예를 들어 화면상에서 지도를 움직이거나 시각을 실시간으로 표시하는 것도 자바스크립트로 구현한 것입니다.

참고로 자바스크립트는 이름에 자바가 들어가기는 하지만, 자바와는 관련이 없습니다.

#프로그래밍 언어 #자바스크립트 #웹브라우저 #웹페이지 #인터랙티브 #UI #웹서버

자바스크립트는 사용자의 행동에
리액션하는 것이 특징

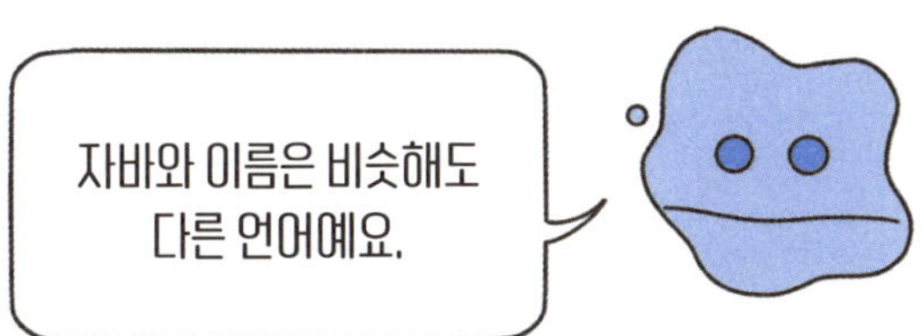

루비
인간에게 친절한 언어

루비Ruby는 마쓰모토 유키히로라는 일본인이 개발한 프로그래밍 언어입니다. 누구나 사용할 수 있는 친근감 있는 언어로 전 세계에서 사용되고 있습니다. 현재는 쉬운 프로그래밍 언어로 파이선이 유명하지만, 파이선이 유행하기 전까지는 루비의 인기가 높았습니다.

루비의 특징은 간결한 구문과 문법으로 이루어져 있어 코드를 읽거나 작성하기 쉽다는 점입니다. 이런 장점 때문에 웹서비스나 스마트폰 앱, 게임을 만들 때도 이용되고 있습니다. 프로그래밍 언어인 펄Perl에서 영감을 얻어 개발된 언어인데, 펄의 발음이 진주인 'Pearl'과 같다는 데서 착안해 보석인 루비가 이름으로 붙여졌습니다.

펄은 프로그래밍 언어로서는 혁신적인 언어입니다. '프로그래밍이란 용도를 명확히 하고 엄격한 문법에 따라야 한다'라는 엔지니어 원리주의적인 사고를 뒤엎고 '방법은 얼마든지 있다'라는 사상에 기반해 개발되었기 때문입니다. 루비 역시 그러한 흐름을 계승했습니다. 루비를 사용한 웹 프레임워크(웹서비스 개발의 기반이 되는 소프트웨어)로는 루비 온 레일즈Ruby on Rails가 있습니다. 루비 온 레일즈를 이용하면 적은 노력으로 거대한 인터넷 쇼핑몰을 구축할 수 있습니다.

루비를 사용하면 프로그래머는
대화하듯 코드 작성 가능

스크래치
프로그래밍을 시각적으로 경험할 수 있는 도구

스크래치Scratch는 어린이가 프로그래밍을 즐겁게 배우게끔 개발된 교육용 프로그래밍 도구입니다. 화면상의 블록을 나무 블록처럼 조립하다 보면 프로그램이 완성됩니다. 논리적 사고를 학습시키기 위해 사용하기도 합니다.

스크래치는 미국 매사추세츠 공과대학MIT 연구진이 개발한 MIT 스크래치 웹사이트에서 제공되고 있습니다. 웹브라우저상에서 작동하므로 태블릿과 PC 등 다양한 디바이스에서 사용할 수 있습니다.

일반적인 프로그래밍 언어는 문자 입력이 기본인데, 스크래치는 시각적으로 프로그램을 만들 수 있습니다. '1만큼 움직이기', '왼쪽으로 회전하기', '오른쪽으로 회전하기', '몇 번 반복하기'와 같은 블록을 지그소 퍼즐처럼 조합해 프로그램을 만들 수 있습니다. 블록의 종류가 많고, 모양이나 색깔로 사용법을 구분할 수 있으며, 직접 새로운 블록을 만들 수도 있습니다.

'소스 코드를 작성하는' 프로그래밍은 아니지만, 프로그래밍에 필요한 사고나 창의적인 발상력을 배양하는 데 주안점을 둔 것이 특징입니다.

KEYWORD

#스크래치 #프로그래밍 도구 #매사추세츠 공과대학 #논리적 사고
#창의적인 발상력

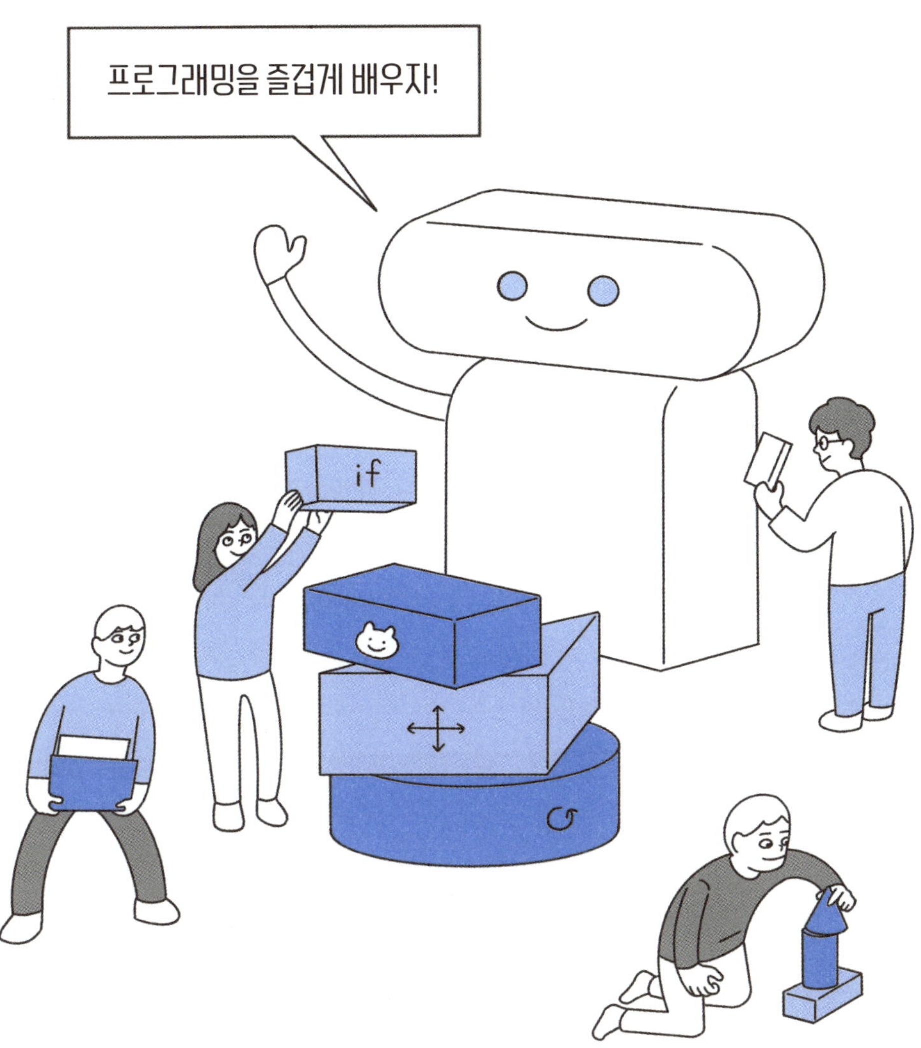

프로그래밍을 즐겁게 배우자!
if

알고리즘
문제를 해결하기 위한 순서

어떤 문제를 해결하거나 과제를 실행하기 위한 순서를 알고리즘algorithm이라고 합니다. 컴퓨터에서는 계산할 때의 순서가 알고리즘인데, 알고리즘을 충분히 검토한 뒤 프로그램을 만듭니다. 좋은 프로그램을 만들려면 좋은 알고리즘이 있어야 합니다.

알고리즘은 일을 처리할 때의 '방식'과 '순서'입니다. 순서에 따라 진행하는 요리나 세탁 등도 알고리즘이라 할 수 있습니다.

알고리즘은 처리하는 것들 하나하나를 순서대로 나열합니다. 컴퓨터 프로그램은 애매함이 없는 최적의 순서로 이루어져야 합니다. 완성된 알고리즘은 보통 플로차트flow chart(순서도)로 표현합니다. 그런 다음 알고리즘을 프로그래밍 언어로 표현해 프로그램을 만듭니다.

어떤 문제를 해결하기 위한 알고리즘이 하나만 있다고 단정할 수는 없습니다. 예를 들어 어떤 알고리즘으로는 방대한 횟수로 계산해야 답이 나오는데, 다른 알고리즘을 쓰면 단 몇 번의 계산만으로 답이 나올 수도 있습니다.

프로그램은 알고리즘을 토대로 만들기 때문에 알고리즘에 따라 프로그램의 크기, 계산 시간이 달라집니다.

#알고리즘 #프로그램 #플로차트 #프로그래밍 언어

과제: 목적지에 도달하기

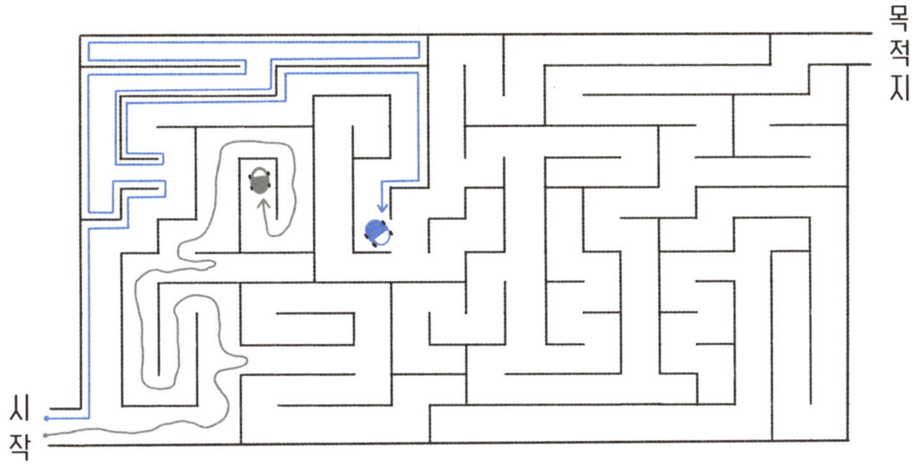

알고리즘 A "항상 왼쪽 벽을 만지면서 진행"

알고리즘 B "갈림길에서는 랜덤으로 진행, 막다른 길이 나오면 갈림길
까지 돌아오되 뒤쪽 길로는 되돌아가지 말 것"

> 더 확실하고 빠르게 목적지에 도달하는 알고리즘이
> 뛰어난 알고리즘

시스템 설계
앱이 개발되기까지의 순서

앱 개발에는 시간과 비용이 들어갑니다. 최대한 불필요한 작업 없이 시행할 수 있도록 우선 설계도를 만들어두어야 합니다. 대규모이면서 복잡한 시스템을 개발할 경우, 시스템 설계가 시스템의 사용성을 결정짓는 중요한 공정이 됩니다.

시스템 개발에서는 프로그래밍(프로그램을 만드는 일)이 큰 비중을 차지합니다. 따라서 아무렇게나 프로그램을 만들지 않습니다. 시스템 개발은 일반적으로 개발 프로세스에 따라 진행됩니다.

개발 프로세스는 먼저 실제로 시스템을 사용하는 사람의 요구 사항(무엇을 위해 시스템을 사용하는지, 어떻게 사용하는지, 언제까지 필요한지 등)을 확인하고 개발 계획을 세웁니다. 다음으로 시스템 설계 단계로 들어가는데, 시스템 전체의 설계도(어떤 기능과 구성으로 할지 등)를 작성합니다. 이때 만든 설계도를 토대로 프로그램을 설계합니다. 프로그램 설계 시 미리 어떤 프로그래밍 언어를 사용할지, 어떻게 프로그래밍을 진행할지 결정해둡니다. 그다음에야 비로소 프로그래밍 공정에 들어가며, 이후 여러 가지 테스트를 거쳐 실제로 운용하게 됩니다.

KEYWORD

#시스템 개발 #개발 프로세스 #설계도 #프로그램 설계 #프로그래밍 언어
#프로그래밍

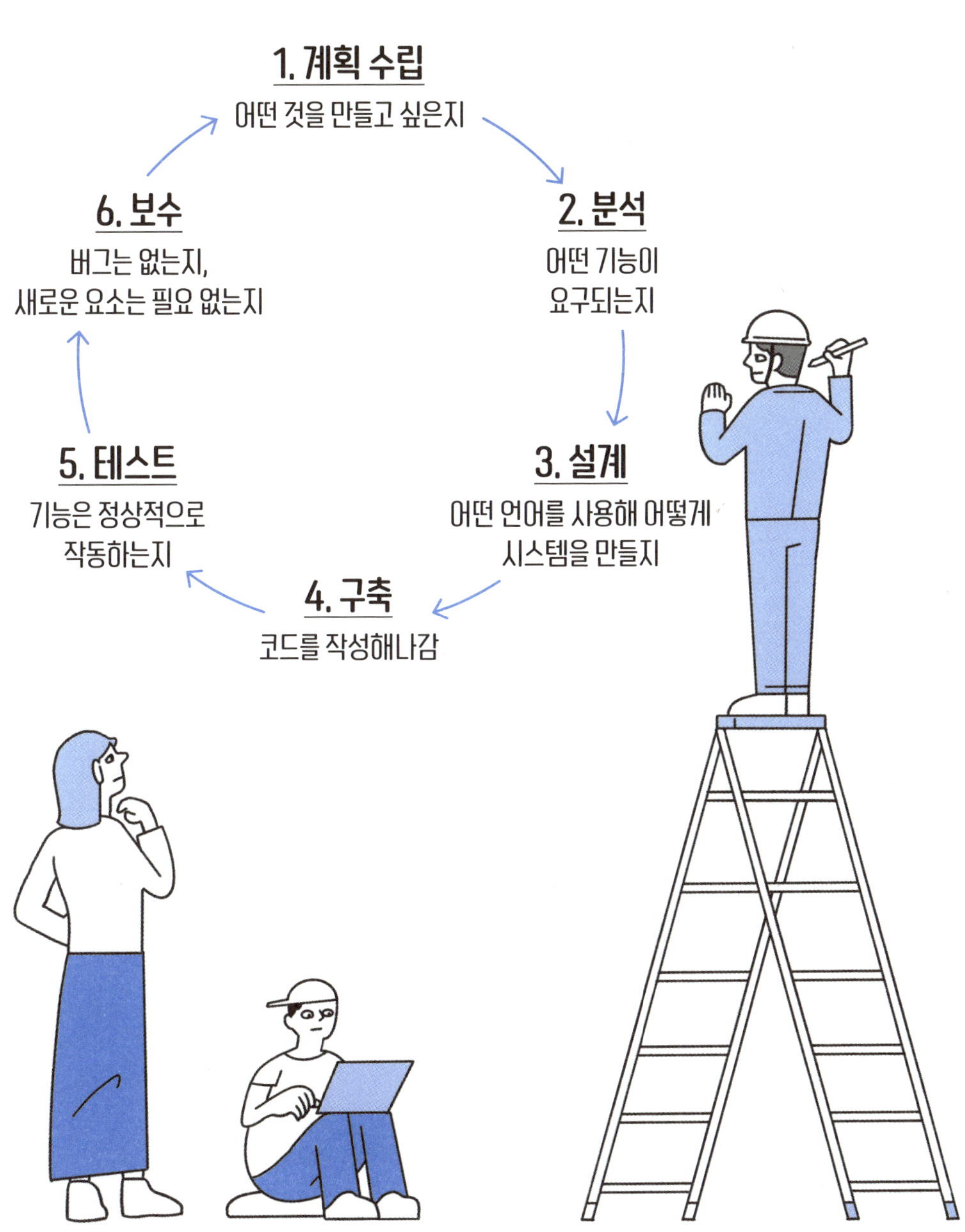
1. 계획 수립
어떤 것을 만들고 싶은지
2. 분석
어떤 기능이
요구되는지
3. 설계
어떤 언어를 사용해 어떻게
시스템을 만들지
4. 구축
코드를 작성해나감
5. 테스트
기능은 정상적으로
작동하는지
6. 보수
버그는 없는지,
새로운 요소는 필요 없는지

애자일 개발
소프트웨어 개발에는 민첩함이 필수

애자일 개발은 소프트웨어 개발 기법 중 하나로, 소프트웨어 전체를 작은 기능 단위로 쪼개어 조금씩 개발하는 방식입니다. 애자일^{agile}이란 '재빠름', '민첩함'이라는 뜻으로, 소프트웨어의 요구 사항이 변경될 때 유연하게 대응할 수 있습니다.

기존에 이용했던 소프트웨어 개발 기법 중 폭포수^{waterfall} 개발 기법이 있습니다. 이는 소프트웨어의 요구 사항(목적이나 용도 등) 결정, 설계, 프로그래밍, 테스트처럼 단계를 구분 지어 일정을 정한 뒤 단계가 어긋나지 않게끔 관리하면서 개발을 진행하는 방식입니다. 폭포수 개발에서는 도중에 문제점이 발견되면 엄청난 양의 재작업이 필요합니다.

반면 애자일 개발은 작은 기능마다 요구 사항 결정, 설계, 프로그래밍, 테스트 과정을 거칩니다. 작은 목표를 조금씩 달성함으로써 완성에 가까워지는 방식이므로, 개발 도중 발견한 문제점의 수정이나 요구 사항의 변경 및 추가에 유연하게 대응할 수 있다는 장점이 있습니다. 반면에 완성 시기를 예측하기 어렵고, 맨 처음 정했던 사양서^{spec}에서 크게 벗어날 위험성도 있습니다.

#소프트웨어 개발 #애자일 개발 #폭포수 개발

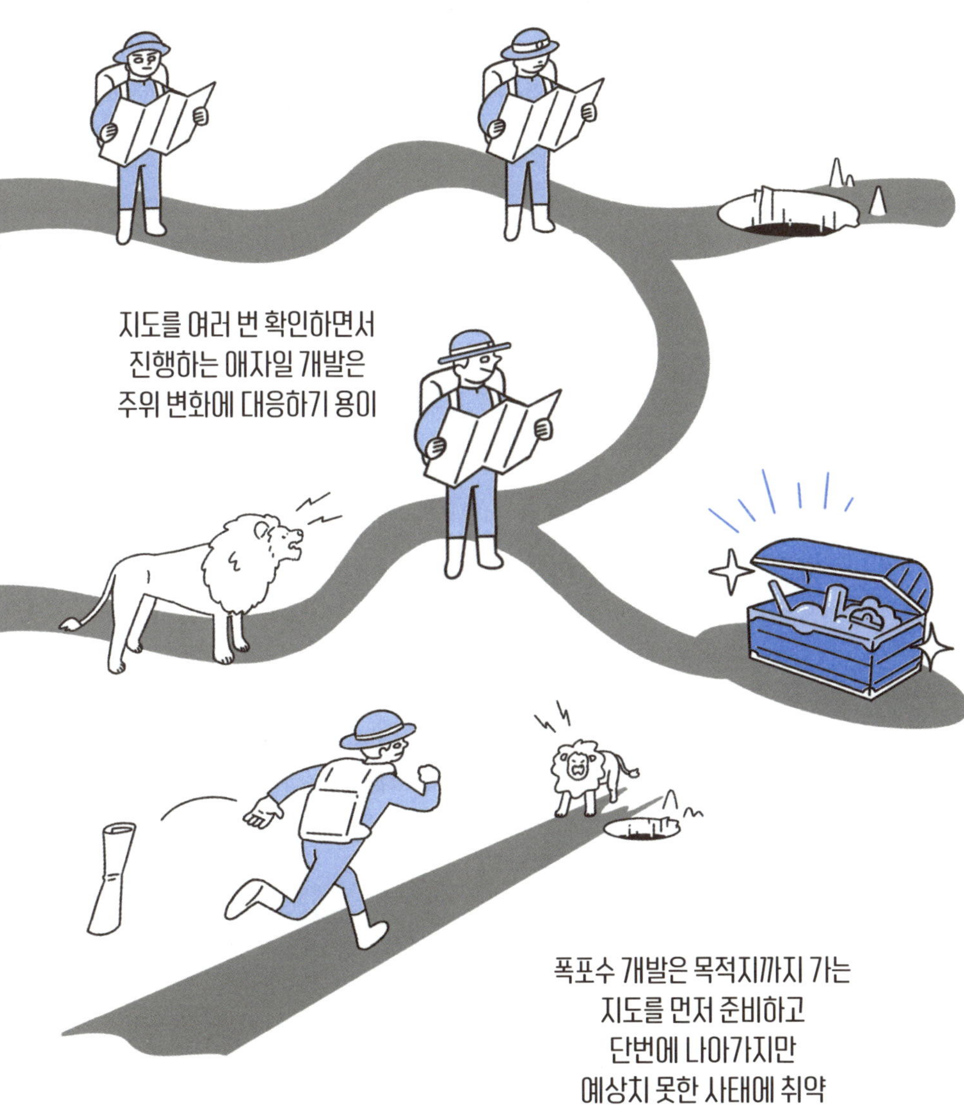

지도를 여러 번 확인하면서
진행하는 애자일 개발은
주위 변화에 대응하기 용이

폭포수 개발은 목적지까지 가는
지도를 먼저 준비하고
단번에 나아가지만
예상치 못한 사태에 취약

2진법과 문자 코드
0과 1로만 이루어진 정보는 누가 어떻게 사용할까?

컴퓨터는 모든 정보를 0 또는 1로 표현합니다. 따라서 사진과 음악, 영상 모두 0과 1의 덩어리로 만들어진 집합체입니다. 문자에는 각각 개별적인 문자 코드 번호가 할당되어 있습니다. 이렇게 0과 1의 두 가지 숫자를 사용해 값을 표현하는 방법을 2진법이라고 합니다.

컴퓨터는 전류가 흐르는지 아닌지로 0 또는 1의 상태를 판단합니다. 전류가 흐르면 1, 흐르지 않으면 0입니다. 따라서 모든 정보는 컴퓨터가 판단할 수 있도록 0 또는 1의 숫자를 사용하는 2진법으로 치환됩니다. 2진법의 경우 자릿수 하나로 두 가지 상태(0 또는 1)를 표현할 수 있습니다. 자릿수 둘로는 네 가지(00, 01, 10, 11), 자릿수 셋으로는 여덟 가지(000, 001~110, 111) 등 자릿수가 늘어날 때마다 표현할 수 있는 수가 배로 늘어납니다.

기호와 숫자를 포함한 문자는 문자 코드 체계를 사용합니다.

문자 코드는 어떤 문자의 모음(문자 집합)에 대해 체계적으로 번호를 할당합니다. 예를 들어 예전부터 이용된 아스키(ASCII)라는 문자 코드는 알파벳과 숫자, 기호를 2진법 7자리(7비트)를 사용해 표현합니다. 알파벳 A는 1000001, B는 1000010입니다.

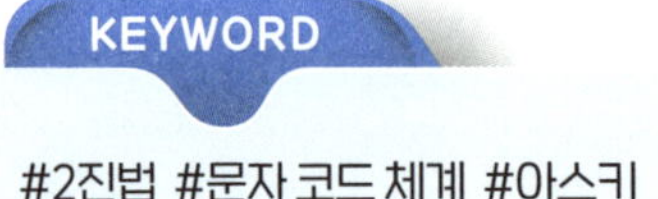

#2진법 #문자 코드 체계 #아스키

모든 데이터는 1과 0으로 표현 가능

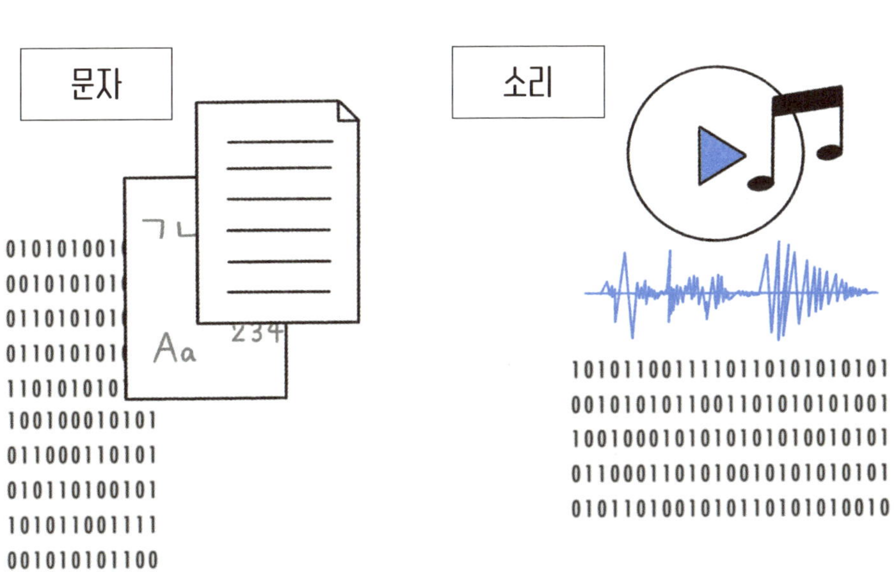

정보량의 단위
비트와 바이트는 무엇을 나타내는 걸까?

컴퓨터가 다루는 정보량의 최소 단위를 비트라고 합니다. 1비트가 나타낼 수 있는 것은 0 또는 1 두 가지입니다. 비트보다 큰 단위를 바이트라 하는데, 보통 8비트를 1바이트라고 합니다. 바이트보다 정보량이 커지면 앞에 접두사가 붙습니다.

1비트는 값을 2진법으로 표현했을 때의 자릿수 하나에 해당합니다. 8비트(2진법 8자리)로는 00000000~11111111로 256가지 정보를 나타낼 수 있습니다. 비트가 하나 늘어날 때마다 표현할 수 있는 정보의 양이 늘어납니다.

8비트=1바이트처럼 바이트라는 단위도 사용되고 있습니다. 바이트는 기억 매체의 용량을 나타내기 위해 흔히 사용됩니다. 약자로 표기할 때는 비트^{bit}는 소문자 b, 바이트^{byte}는 대문자 B를 사용하는 것이 일반적입니다.

정보량이 커질수록 킬로(k), 메가(M), 기가(G), 테라(T) 등의 접두사를 이용해 1GB(기가바이트)와 같이 표현합니다. 1,000=1k, 1,000k=1M, 1,000M=1G, 1,000G=1T입니다.

기억 매체의 용량을 표현할 경우에는 2^{10}=1,024=1K, 1,024K=1M, 1,024M=1G, 1,024G=1T라는 접두사가 사용됩니다.

#비트 #바이트 #2진법 #기억 매체 #킬로 #메가 #기가 #테라

0이나 1을 넣을 수 있는 상자의 정보량

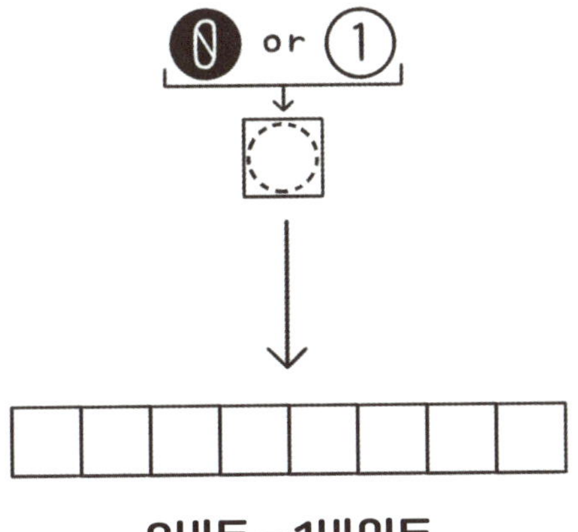
1비트
0 or 1
8비트 = 1바이트
8비트 안에서 만들 수 있는
0과 1의 조합은 256가지

바둑판은 19×19=361비트

1,024바이트=1킬로바이트
1,024킬로바이트=1메가바이트

해상도
화소 수와 표시 방식의 관계

컴퓨터나 스마트폰 화면은 작은 점들로 구성되어 있습니다. 점 하나하나(도트)를 픽셀 또는 화소라고 하며, 이에 의해 색과 밝기가 설정됩니다. 여러 개의 픽셀이 모여야 이미지가 보입니다. 픽셀 수가 많으면 그만큼 이미지가 자세하게 보입니다.

컴퓨터나 스마트폰의 디스플레이 화면 크기는 기종에 따라 다양합니다. 그런데 만약 화면 크기가 같다면 픽셀 수가 많을수록 이미지가 세밀하고 선명하게 보이며, 적을수록 흐릿하게 보일 것입니다.

이미지의 치밀도를 값으로 나타낸 것을 해상도라고 합니다. 해상도는 1인치(2.54㎝)당 픽셀 수가 기준이므로 ppi^{pixels per inch}라는 단위로 나타냅니다. 값이 클수록 해상도가 높고 자세하며 선명한 이미지입니다.

화면의 해상도에는 여러 종류가 있는데, 최근에는 점점 고화질이 요구되는 추세입니다. 고화질 TV인 HD(하이비전)의 화소 수는 1,280×720이었는데, Full HD(2K)에서 1,920×1,080이 되었고, TV 방송을 시작한 4K(울트라 HD, UHD)는 3,840×2,160, 8K(슈퍼 UHD)는 7,680×4,320으로 각각 해상도가 Full HD(2K)의 4배, 16배로 높습니다.

#픽셀 #해상도 #4K #8K #울트라 HD #슈퍼 UHD

화소 수로 결정되는 이미지의 선명도

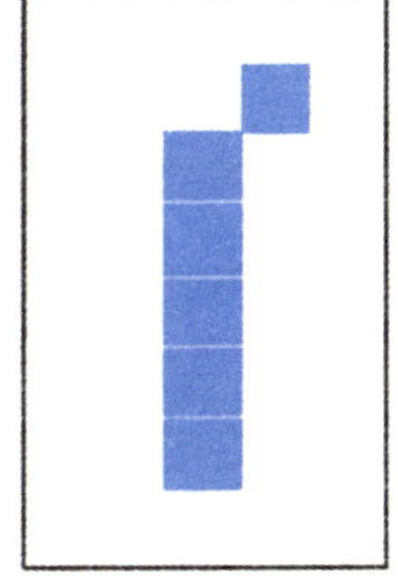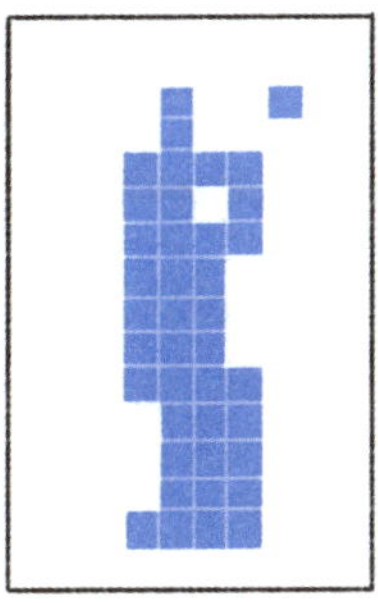

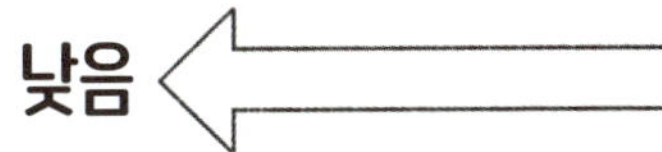

해상도

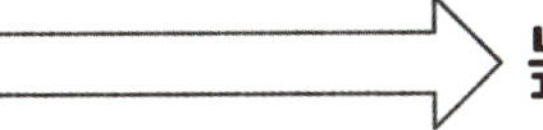

부호화와 PCM
아날로그 데이터와 디지털 데이터의 관계

음성과 같은 아날로그 데이터는 연속적인 정보라서, 이를 컴퓨터에서 다루려면 분할하여 디지털 데이터로 변환해야 합니다. 아날로그 데이터를 디지털 데이터로 변환할 때는 표본화, 양자화, 부호화라는 처리가 이루어집니다.

음성을 예로 들면, 표본화(샘플링)에서는 아날로그 소리의 파형에서 가로축(시간)에 따라 일정한 간격(1초 사이를 44,100회로 구분 짓는 등)으로 파동의 높이(신호의 크기)를 읽어 들입니다. 다음 순서인 양자화에서는 세로축을 몇 개의 단계(눈금)로 나눠 표본화로 읽어 들인 값을 가장 가까운 단계의 값으로 나타내는데 이를 근삿값화라고 합니다. 이렇게 양자화로 얻은 값을 부호화에서는 0과 1의 2진법으로 표현합니다.

이처럼 소리의 파형에서 디지털 데이터로 변환하는 방식을 PCM^{Pulse Code Modulation}(펄스 부호 변조)이라고 합니다. PCM으로 인해 아날로그에서는 매끄러웠던 소리의 파형이 분절화되며 모서리가 있는 각진 형태로 바뀝니다. 모서리의 각진 부분이 더 세밀할수록 원래 음질에 가까워지지만, 데이터의 크기는 커집니다. 반대로 모서리의 각진 부분이 커지면 데이터의 크기는 줄어들지만 원래 음질에서 멀어집니다.

#아날로그 데이터 #디지털 데이터 #표본화(샘플링) #양자화 #부호화 #PCM
#데이터 양

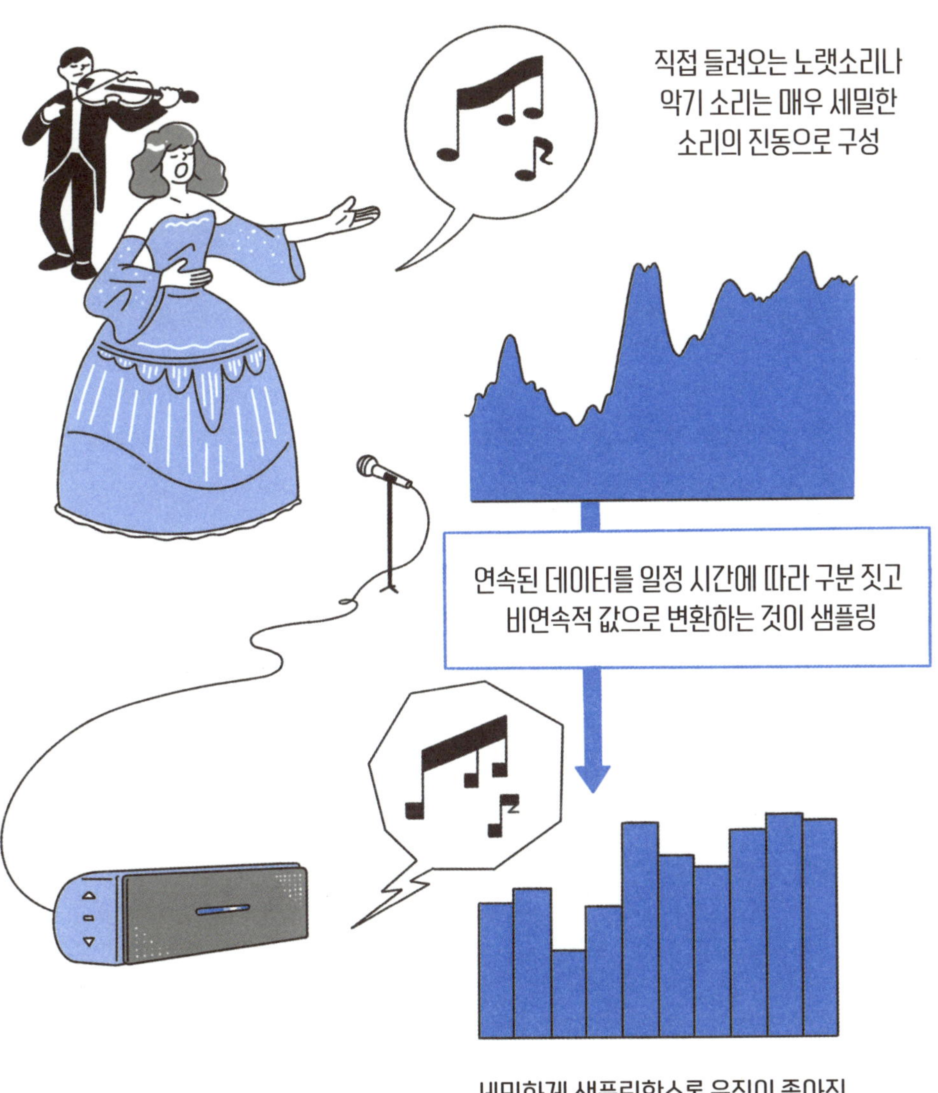

세밀하게 샘플링할수록 음질이 좋아짐
(샘플링레이트[sampling rate]가 높아짐)

확장자
이 파일은 텍스트? 이미지? 프로그램?

컴퓨터에서 다루는 데이터나 프로그램은 파일이라는 단위로 저장됩니다. 파일에는 해당 파일이 무엇을 위한 것인지 알아볼 수 있도록 하는 이름이 붙습니다. 파일명 끝에 파일의 종류나 형식을 나타내기 위해 붙은 확장자가 그것입니다.

확장자란 music1.mp3, picture1.jpg처럼 파일명 끝에 있는 mp3나 jpg와 같은 문자열을 말합니다. 파일명과 확장자는 온점(.)으로 구분합니다.

확장자는 파일의 종류와 형식에 따라 결정됩니다. 텍스트 파일은 txt, PDF 파일은 pdf, HTML 문서는 html입니다.

이미지나 음성, 동영상처럼 파일 형식이 여러 개인 경우에는 각기 다른 확장자가 사용됩니다. 예를 들어 이미지를 나타내는 확장자에는 jpg, gif, png, bmp 등이 있고, 음성은 mp3, m4a, aac, wav 등이 있습니다.

윈도 등에서는 파일을 클릭하면 확장자에 대응하는 응용프로그램 소프트웨어가 자동으로 실행되게끔 설정되어 있습니다. 이때 활용할 응용프로그램 소프트웨어는 사용자가 따로 지정할 수도 있습니다.

KEYWORD

#확장자 #파일 #txt #pdf #html #jpg #gif #png #bmp #mp3 #m4a #aac #wav

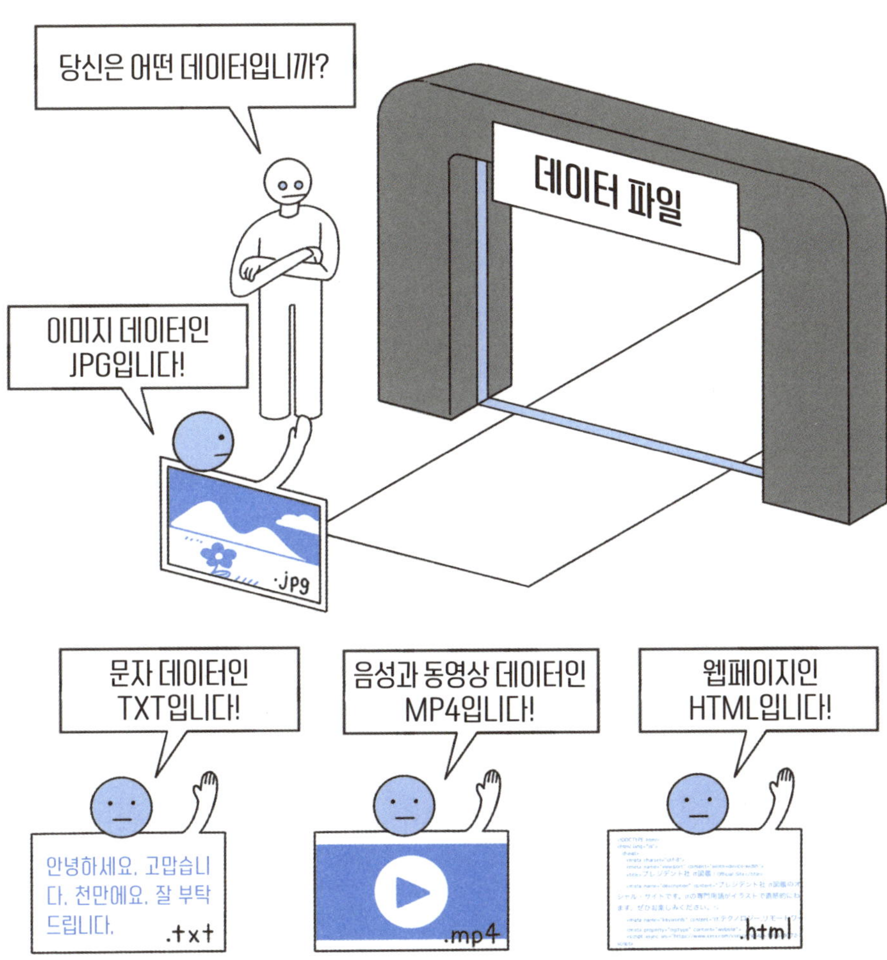

파일의 쓰임새를 나타내는 확장자
당신은 어떤 데이터입니까?
데이터 파일
이미지 데이터인 JPG입니다!
.jpg
문자 데이터인 TXT입니다!
안녕하세요, 고맙습니다. 천만에요, 잘 부탁드립니다.
.txt
음성과 동영상 데이터인 MP4입니다!
.mp4
웹페이지인 HTML입니다!
.html

압축
데이터의 크기를 줄이는 기술

일정한 순서에 따라 계산해 데이터의 크기를 줄이는 것을 압축이라고 합니다. 압축을 하면 같은 내용의 정보를 더 작은 크기로 표현할 수 있고, 같은 크기의 기억장치에 더 많은 데이터를 저장할 수 있습니다. 또 인터넷으로 송신할 때 시간을 단축할 수 있습니다.

이미지나 영상, 음성, 프로그램 등의 해상도가 높아지고 기능이 좋아질수록 데이터의 크기는 기하급수적으로 커집니다. 하지만 데이터를 수용하는 기억장치(메모리 및 스토리지)의 용량과 통신 속도에는 한계가 있습니다. 이에 데이터의 크기를 줄이는 기술인 압축 기술이 발달했습니다.

압축된 데이터는 압축했을 때와 반대 순서로 계산해 원래대로 되돌립니다. 이를 '압축 풀기' 또는 '압축 해제'라고 합니다. 압축 기술에는 원래대로 되돌릴 수 있는 압축(가역 압축)이 있는가 하면, 원래대로 되돌릴 수 없는 압축(불가역 압축, 비가역 압축)도 있습니다.

불가역 압축은 데이터를 줄이고 품질을 떨어뜨리더라도 실제로 사용하는 데는 문제가 없는 이미지, 동영상, 음성 등에 사용됩니다. 예를 들어 JPEG는 원본 이미지를 압축해서 표현하는 형식이고, MP3와 AAC는 원본 음성을 압축해서 표현하는 형식입니다.

KEYWORD

#압축 #기억장치 #가역 압축 #불가역 압축 #이미지 #동영상 #음성 #JPEG #MP3 #AAC

크기가 큰 데이터는
보내기 어려움

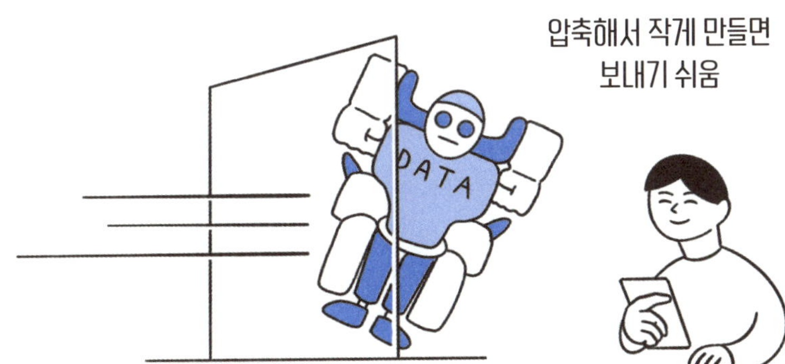

압축해서 작게 만들면
보내기 쉬움

폰트
같은 글자라도 디자인에 따라 인상이 변화

고딕체나 바탕체처럼 하나의 디자인으로 만들어진 문자 형태의 집합을 말합니다. 글꼴이나 서체라고도 합니다. 컴퓨터에서 화면에 문자를 표시하거나 인쇄할 때 문자 코드에서 어떤 문자를 표시·인쇄할지를 선택하면, 해당 폰트에 기반한 문자 형태가 나타납니다.

폰트에는 다양한 종류가 있으며, 같은 문장이라도 고딕체일 때와 바탕체일 때 인상이 달라집니다. 가독성(읽기 편한 정도) 또한 폰트에 따라 크게 달라집니다. 따라서 헤드라인에는 고딕체, 본문에는 바탕체가 사용될 때가 많습니다. 이 책 또한 제목에는 고딕체를, 본문에는 바탕체를 사용하였습니다. 고딕체를 산세리프체, 바탕체를 세리프체라고도 합니다. 세리프serif는 글자 획 끝의 돌출부를 말합니다.

같은 폰트라도 두께에 따라 인상이 달라집니다. 폰트의 두께를 웨이트weight라 하며, 가는 것부터 라이트light, 미디엄medium, 볼드bold로 부릅니다.

처음 컴퓨터가 등장했을 당시에는 문자 형태를 점의 집합으로 나타내는 비트맵 폰트(확대하면 각진 계단 모양처럼 보임)가 사용되었습니다. 현재는 축소나 확대를 해도 문자 형태가 크게 달라지지 않는 스케일러블 폰트scalable font(가변 폰트)를 사용합니다.

#고딕체 #바탕체 #글꼴 #문자 코드 #폰트 #비트맵 폰트 #스케일러블 폰트

폰트 하나만 바꿔도 확 달라지는 글자의 느낌

DOG

DOG

DOG

DOG

캐시
바로 사용할 것은 바로 사용할 수 있는 곳에 보관

바로 사용할 데이터를 사용하기 편한 곳에 놓아두면 작업 효율이 높아집니다. 컴퓨터 내부 또는 네트워크상에서 한 번 읽어 들인 데이터나 자주 사용하는 데이터 등을 바로 사용할 수 있는 장소에 복사해서 저장해두는 방식을 캐시cache라고 합니다.

캐시는 '은닉처'라는 의미입니다. IT 용어로는 저장된 데이터 자체 혹은 저장해두는 장소를 가리킵니다. 고속 처리, 통신량 절약 등 다양한 목적과 상황에 캐시가 이용되고 있습니다.

웹브라우저의 캐시는 한 번 방문한 웹페이지의 데이터를 저장해두기 위해 사용됩니다. 같은 웹페이지를 다시 방문했을 때 캐시에 데이터가 남아 있다면 같은 데이터를 다시 다운로드하지 않아도 됩니다.

실행 중인 응용프로그램이 사용하는 데이터를 메인 메모리(주기억장치)에 올려두는 것도 캐시입니다. 일반적으로 데이터가 저장된 HDD 등 외부 기억 장치는 저속이고, 메인 메모리는 고속입니다.

CPU는 메인 메모리에 데이터를 보관해 처리를 고속화합니다. CPU 내부에도 캐시 구조가 이용되고 있습니다.

#캐시 #고속화 #통신량 #웹브라우저 #메인 메모리 #HDD #CPU

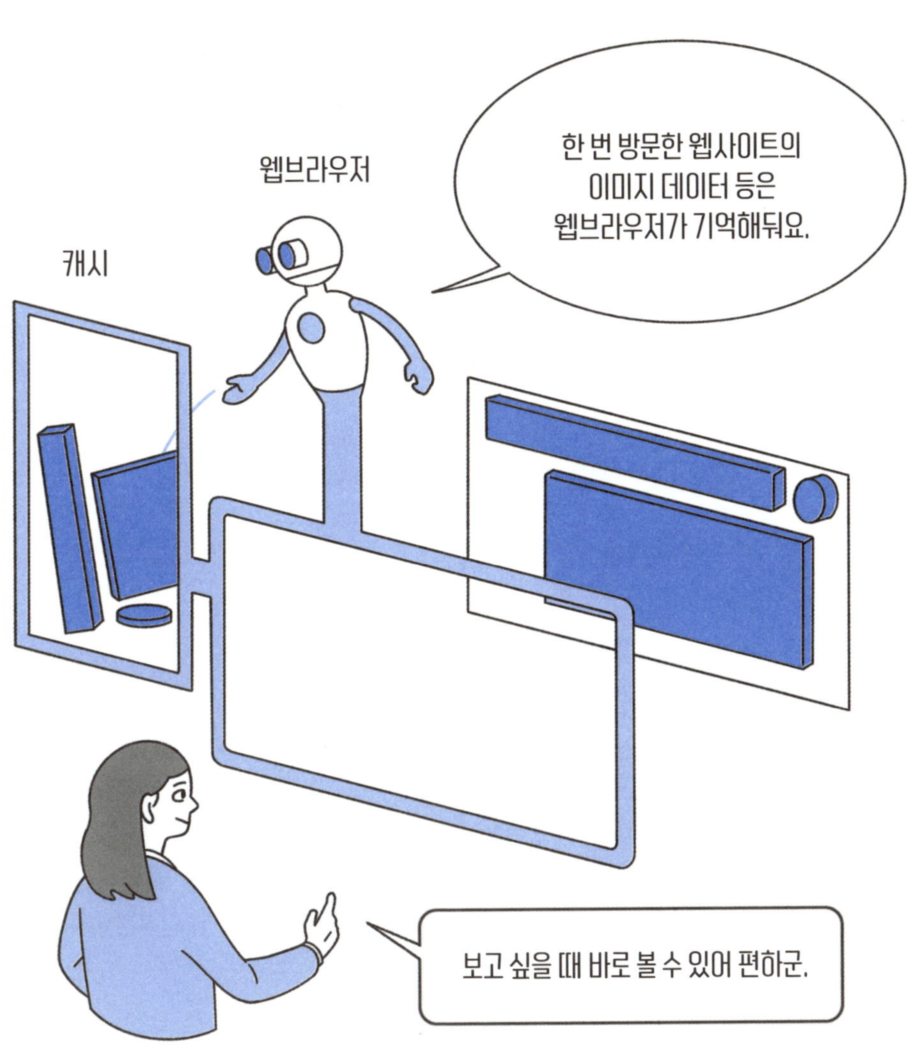
웹브라우저
캐시
한 번 방문한 웹사이트의
이미지 데이터 등은
웹브라우저가 기억해둬요.
보고 싶을 때 바로 볼 수 있어 편하군.

어필리에이트
웹 광고로 성공 수당이 지급되는 구조

웹사이트나 블로그, SNS 등에 표시된 광고를 클릭하면 링크된 판매 사이트로 이동합니다. 이곳에서 쇼핑하면 링크 광고를 표시했던 사람에게 성공 수당이 지급됩니다. 이러한 마케팅 기법을 어필리에이트라고 합니다.

어필리에이트affiliate 란 '제휴하다'라는 의미입니다. 검색을 통해 특정 웹사이트나 블로그, SNS를 보러 오는 사람은 거기에 올라온 정보에 관심이 있다고 볼 수 있습니다. 이런 정보와 관련성이 높은 상품의 광고가 게재된다면 좁혀진 타깃에 효율적으로 광고할 수 있을 것입니다. 이에 착안해 생겨난 것이 어필리에이트, 즉 제휴 마케팅이며, 웹사이트나 블로그, SNS 등에 어필리에이트 광고를 표시해주는 사람을 어필리에이터라고 합니다.

광고주는 어필리에이트를 중개하는 ASPAffiliate Service Provider (제휴 마케팅 서비스 업체)를 통해 어필리에이터에게 광고를 제공합니다. 어필리에이트 광고를 본 소비자는 광고주에게 상품을 주문합니다. 광고주는 상품을 발송하고 대금을 수령한 뒤 ASP를 통해 어필리에이터에게 성공 수당을 지급합니다. 이로써 관련자가 모두 이득을 보는 1석 4조의 효과를 얻을 수 있습니다.

#어필리에이트 #광고 #성공 수당 #타깃 #어필리에이터 #ASP

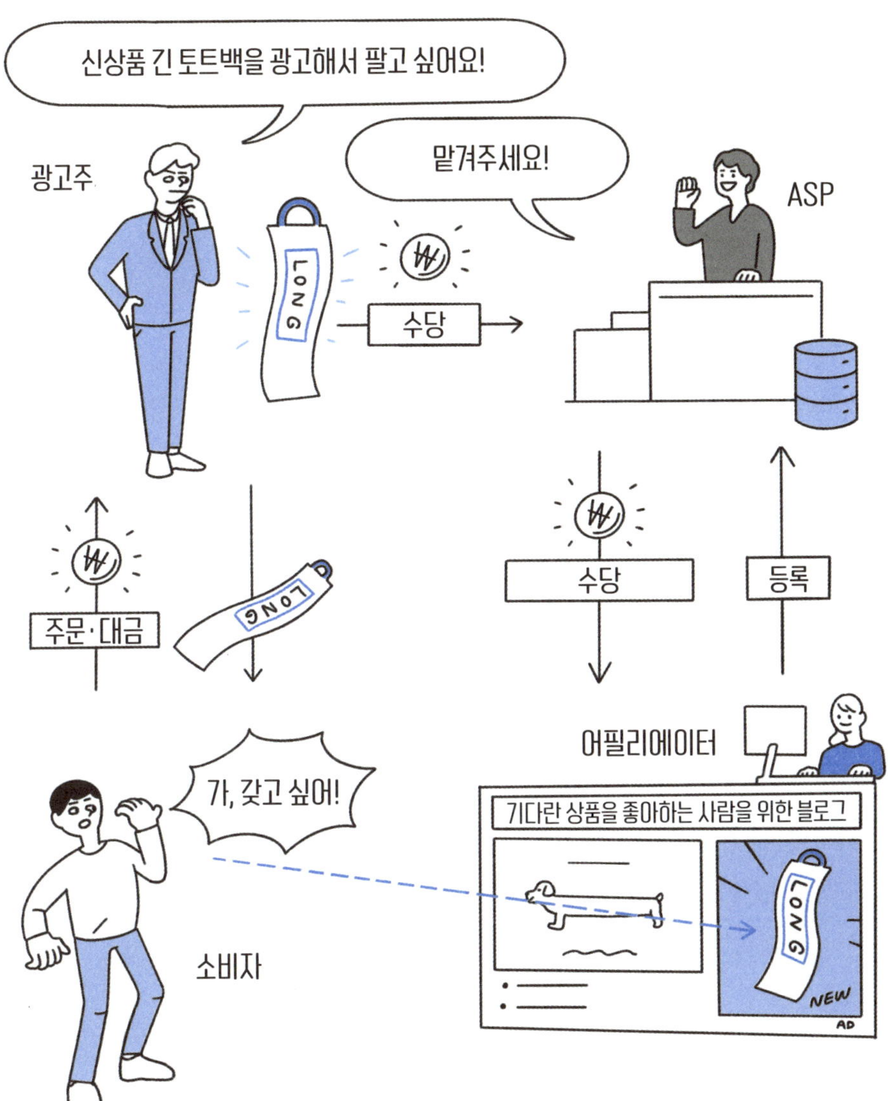
신상품 긴 토트백을 광고해서 팔고 싶어요!
맡겨주세요!
광고주
ASP
수당
주문·대금
수당
등록
어필리에이터
가, 갖고 싶어!
소비자
기다란 상품을 좋아하는 사람을 위한 블로그
LONG
NEW
AD

SEO
웹에서 잘 검색되도록 만드는 기법

검색 서비스에서는 검색 결과 상위에 노출되는 웹사이트일수록 방문율이 높은 경향이 있습니다. 특정 웹사이트가 검색 결과 상위에 노출되게끔 갖가지 아이디어를 웹사이트에 반영하는 기법을 SEO Search Engine Optimization(검색 엔진 최적화)라고 합니다.

검색 서비스를 제공하는 구글 등에는 검색 엔진이라는 프로그램이 존재합니다. 검색 엔진은 인터넷상에 존재하는 웹사이트의 정보를 수집하고 독자적인 알고리즘(계산 순서)을 사용해 이 정보들을 정리합니다. 그런 다음 검색 키워드에 대해 가장 적절하다고 판단되는 검색 결과를 제공합니다.

기업에서는 검색 결과 상위에 자사 사이트를 노출시키기 위해 SEO 기법을 도입하거나 SEO 전문 업체에 의뢰하기도 합니다.

SEO 기법으로는 다른 사이트에서 자사 사이트로 넘어오는 링크를 늘리거나, 자사 사이트를 쉽게 검색할 수 있는 검색 키워드를 선정 후 키워드에 맞는 콘텐츠를 추가하거나, 키워드를 사이트 내에 많이 심어두는 방법 등이 있습니다. 그러나 검색 엔진 알고리즘은 비공개이며 항상 변경되기 때문에, 무조건 상위에 노출시킬 수 있는 기법은 존재하지 않습니다.

#검색 서비스 #SEO #구글 #검색 엔진 #알고리즘 #검색 키워드

검색 결과 상위 노출을 둘러싼 경쟁

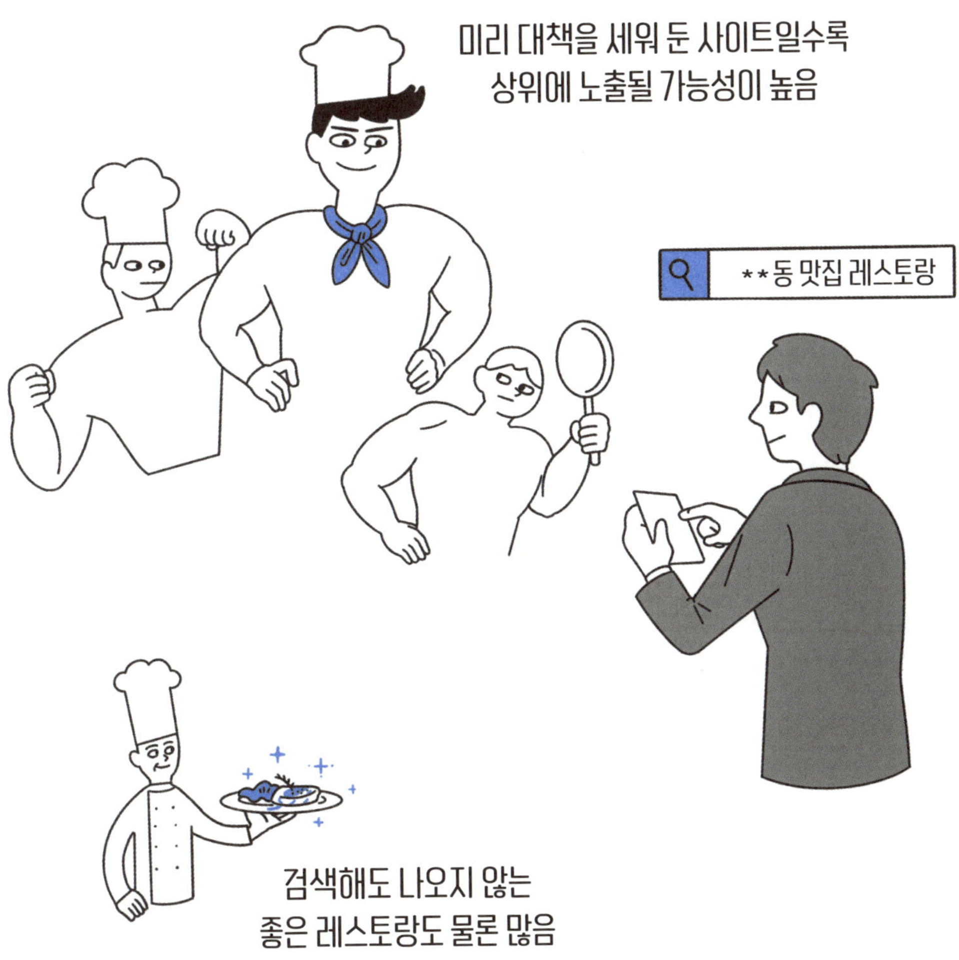
미리 대책을 세워 둔 사이트일수록
상위에 노출될 가능성이 높음
**동 맛집 레스토랑
검색해도 나오지 않는
좋은 레스토랑도 물론 많음

딥 웹
검색 엔진으로 발견되지 않는 정보

구글 등의 검색 엔진을 이용하면 누구나 전 세계의 정보에 접근할 수 있습니다. 그러나 검색 엔진으로 찾을 수 있는 정보는 전체 중 일부에 불과합니다. 일반적인 검색 엔진으로는 도달할 수 없는 웹상의 정보를 딥 웹deep web 또는 심층 웹이라고 합니다.

검색 엔진에서는 크롤러crawler라는 프로그램이 웹 세계를 돌아다니며 정보를 수집합니다. 그러나 크롤러가 웹상의 모든 정보를 수집할 수 있는 것은 아니고, 접근 제한 등의 이유로 검색할 수 없는 정보도 있습니다. 로그인해야만 볼 수 있는 회원 서비스 페이지, SNS의 개인 페이지, 기업의 기밀 정보 등은 검색해도 찾을 수 없는 딥 웹입니다.

딥 웹은 인터넷상의 정보 중 약 90%를 차지합니다. 반면 검색 엔진이 수집할 수 있는 정보를 서피스 웹surface web 또는 표층 웹이라고 합니다.

딥 웹 중에는 다크 웹dark web이라 불리는 인터넷의 암흑사회도 있는데, 그곳은 이른바 '어둠의 사이트'로 범죄와 불법행위가 난무합니다. 특수한 URL을 직접 입력하거나 전용 열람 소프트를 통해 접근할 수 있으며 여러 서버를 경유하므로 익명성이 높습니다.

KEYWORD

#구글 #검색 엔진 #딥 웹 #심층 웹 #크롤러 #표층 웹 #다크 웹

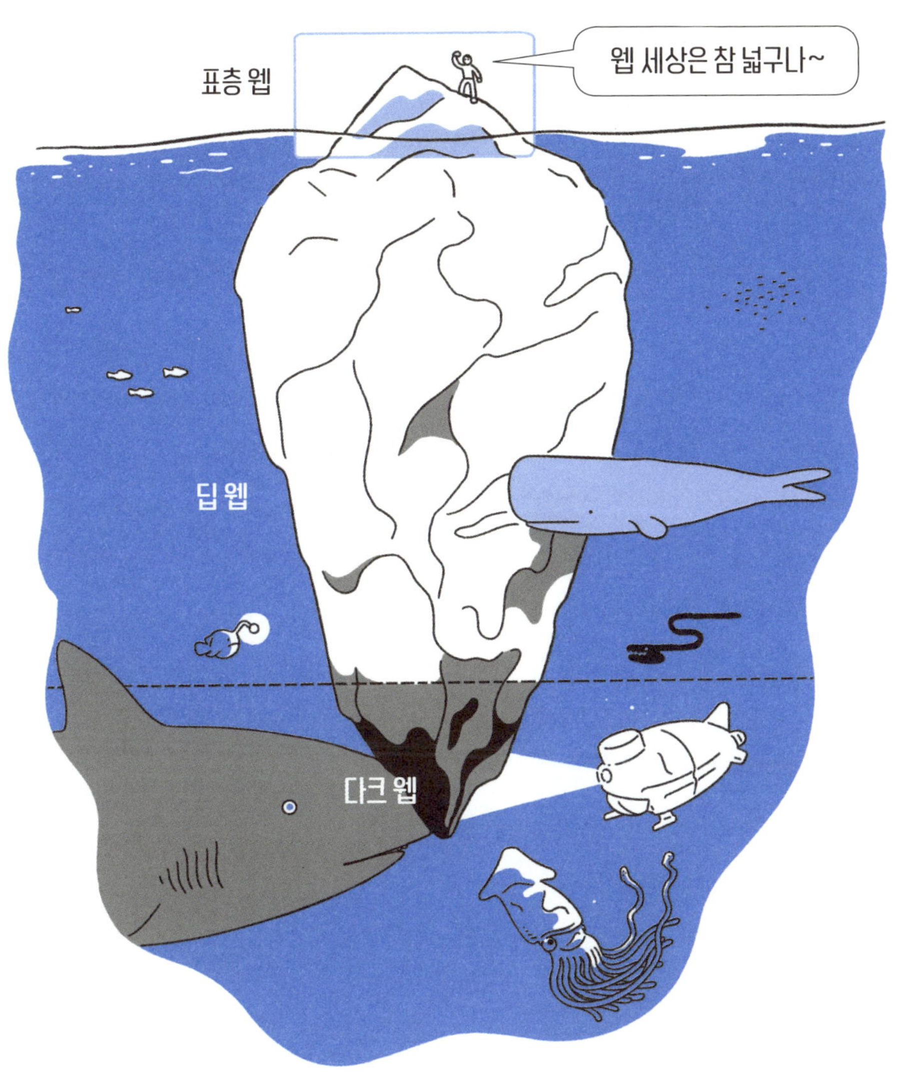
웹 세상은 참 넓구나~
표층 웹
딥 웹
다크 웹

데이터 마이닝
데이터를 캐내어 '금'을 찾다

마이닝mining은 광산에서 유용한 광물을 캐내는 것을 가리킵니다. 이러한 '채굴'의 의미를 IT 분야 데이터에 적용한 것이 바로 데이터마이닝입니다. 대량의 데이터를 파내어 지금껏 발견되지 않은 유용한 식견을 얻을 수 있습니다.

데이터 마이닝은 수많은 데이터를 분석하여 미래의 행동을 예측하는 데 유용한 패턴을 발견하는 기법입니다. 원래 마케팅에서 쓰이던 기법인데, 데이터를 분석한 결과 '일회용 기저귀와 맥주를 함께 사는 사람이 많다'라는 경향을 발견하여 연관 매대를 만드는 데 활용했다는 일화가 유명합니다.

현재 데이터 마이닝은 더욱 범위를 넓혀, 웹 등에서 수집한 빅데이터에 기계학습을 적용하거나 통계 분석을 하는 등, 새로운 식견을 얻는 것을 목표로 하고 있습니다.

마이닝은 수행하는 대상에 따라 몇 가지 종류로 나뉩니다. 텍스트 데이터가 대상이면 텍스트 마이닝, 웹이 대상이면 웹 마이닝이라고 합니다.

참고로 가상화폐에서 새로운 블록(거래 데이터)을 생성하는 대가로 가상화폐를 입수하는 행위도 마이닝이라 부릅니다.

#마이닝 #데이터 마이닝 #텍스트 마이닝 #웹 마이닝

방대한 데이터를
채취 · 분석

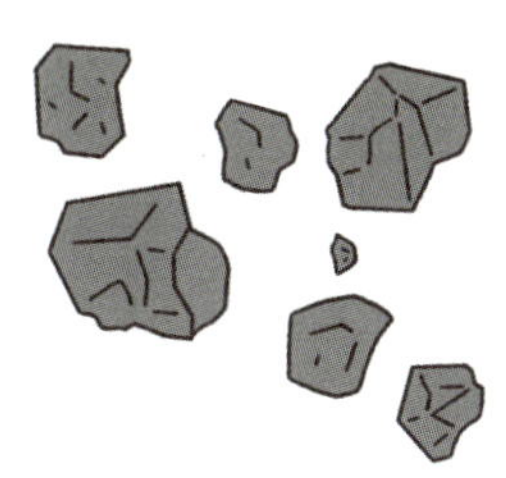

불필요한 정보를
깎아내고 연마

귀중한 정보로 취급

통신 프로토콜
약속을 지키면 원활하게 통신 가능

통신 프로토콜은 네트워크상에서 통신하기 위한 규약입니다. 사양이나 구조가 다른 기기라도 서로 공통된 통신 프로토콜을 지키면 통신할 수 있습니다. 웹을 보기 위한 HTTP, 이메일을 송신하기 위한 SMTP 등이 통신 프로토콜에 속합니다.

통신 프로토콜에는 이더넷^{Ethernet}이나 무선 랜처럼 물리적인 연결을 위한 것부터 IP처럼 네트워크상의 경로를 정하기 위한 것, TCP처럼 수신인에게 데이터를 확실하고도 효율적으로 보내주기 위한 것, HTTP나 SMTP처럼 각종 응용프로그램을 이용할 수 있도록 하는 것 등 다양한 종류가 있습니다. 통신 프로토콜은 단계(물리적인 단계의 프로토콜, 응용프로그램 단계의 프로토콜 등)에 따라 계층화되고, 각각의 통신 프로토콜이 역할을 분담함으로써 효율적으로 움직입니다.

인터넷상의 통신에는 통신 프로토콜을 네 개의 계층으로 나눈 TCP/IP를 이용합니다. TCP/IP를 따르면 어떤 컴퓨터든 인터넷상에서 정보를 주고받을 수 있습니다. 프로토콜은 원래 다른 국가와 외교할 때 언어나 관습이 다른 사람들끼리 교류하는 데 있어 정해진 순서와 형식 등을 가리키는 말이었는데, 요즘은 원래 뜻보다 IT 용어로 더욱 활발하게 사용되고 있습니다.

KEYWORD

#통신 프로토콜 #이더넷 #무선랜 #IP #TCP #HTTP #SMTP #TCP/IP

우리는 통신 방법으로 비둘기를 사용하자!
우리는 실 전화기를 쓰자.

IP주소
통신 상대를 특정하기 위한 번호

인터넷 등의 네트워크상에서 컴퓨터끼리 통신할 때는 서로를 특정하기 위한 IP주소(번호)를 사용합니다. IP주소가 중복되면 올바른 수신인과 통신할 수 없으므로, 기본적으로 똑같은 IP주소는 존재하지 않습니다.

IP주소는 인터넷을 포함한 네트워크에 기기를 연결할 때 필요합니다. PC나 스마트폰뿐만 아니라 가전이나 게임기 등도 인터넷에 연결해서 사용할 때는 IP주소가 있어야 합니다. 일반적으로는 네트워크에 접속할 때마다 인터넷 업체나 공유기 등에 의해 자동 할당되므로, 일반 사용자가 IP주소를 신경 쓸 일은 없습니다.

IP주소에는 버전 4^{IPv4}와 버전 6^{IPv6}가 있습니다. 예전부터 이용했던 IPv4의 주소는 192.168.0.5처럼 10진수 0~255 범위 내의 정수 4개를 온점(.)으로 구분 지어 나열한 것입니다. 컴퓨터에서는 2진수만 다룰 수 있다 보니, 이때는 2진수(0 또는 1)로 32자리 숫자가 됩니다. IPv6는 IPv4를 개량한 구조로 만들어진 규격인데, 2진수로 128자리나 표기할 수 있으므로 사용할 수 있는 주소 수가 압도적으로 많습니다.

KEYWORD

#IP주소 #인터넷 #네트워크 #통신 #IPv4 #IPv6

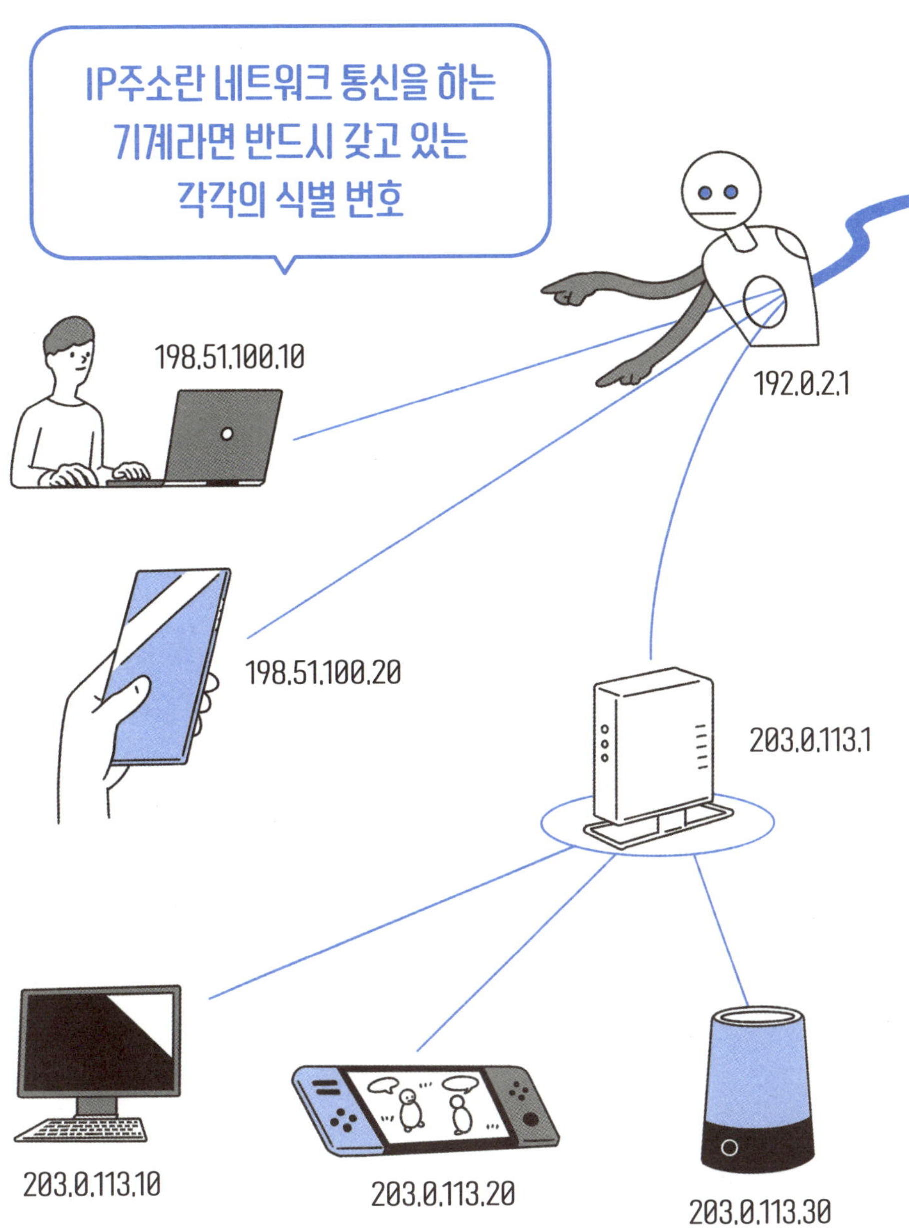

IP주소란 네트워크 통신을 하는 기계라면 반드시 갖고 있는 각각의 식별 번호
198.51.100.10
192.0.2.1
198.51.100.20
203.0.113.1
203.0.113.10
203.0.113.20
203.0.113.30

도메인명
인터넷상의 주소를 알기 쉽게 만든 것

'example.co.kr'과 같은 문자열을 도메인명이라고 합니다. 도메인명은 IP주소를 대신해 인터넷상의 행선지를 관리하기 위해 사용되는 이름입니다. 도메인명은 국가나 조직 등, 속성별로 구분하여 관리됩니다.

IP주소는 네트워크상의 위치를 표시하기 위해 사용되지만, 숫자만 나열된 것이라 사람이 다루기 어렵습니다. 이에 사람이 쉽게 활용할 수 있도록 영단어 등을 사용한 도메인명을 IP주소에 대응시켜 IP주소 대신 사용하게 되었습니다. 예를 들어 example.co.kr는 'kr이라는 국가의 co라는 지역에 있는 example 씨'와 같은 식으로 읽을 수 있습니다. 도메인명은 사람 입장에서는 인터넷상의 행선지를 표시하기 위한 '주소'입니다.

도메인명은 계층 구조로 관리됩니다. 루트root를 정점으로 최상위 도메인(com이나 kr 등), 차상위 도메인(co나 go 등), 하위 도메인과 같은 식으로 공간(도메인)을 순서대로 구분 짓습니다. 최상위 도메인에는 com이나 gov처럼 조직의 종류를 나타내는 것, kr(한국)이나 fr(프랑스)처럼 국가나 지역을 나타내는 것이 있습니다.

#도메인명 #도메인 #최상위 도메인 #차상위 도메인 #하위 도메인

kyoto.jp
일본의 교토

animal.cn
중국의 동물

water.com
판매 중인 생수 (com은 원래
상업적 목적으로 생겼으나 일반
적인 도메인으로 널리 사용 중)

arch.fr
프랑스의 건축

town.ukcity.gb
영국의 도시

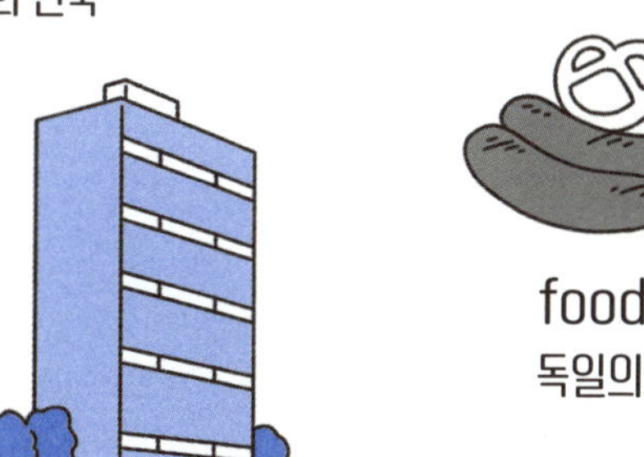

president.co.kr
주식회사 프레지던트

food.de
독일의 음식

speech.gov
정부의 연설

라우팅
최적의 경로로 데이터를 보내는 과정

인터넷은 무수한 네트워크가 서로 연결되어 있습니다. 네트워크에서 네트워크로 데이터를 중계·전송하는 장치가 라우터인데, 데이터를 올바른 수신인이 받아볼 수 있게끔 최적의 경로를 산출합니다. 이를 라우팅^{routing}(경로 배정)이라고 합니다.

인터넷에서는 목적하는 컴퓨터에 데이터를 보내기 위한 수신인 정보로 IP주소를 사용합니다. 라우터는 데이터를 받으면 수신인의 IP주소를 확인한 뒤 인접한 라우터 중 어느 라우터로 데이터를 전송해야 목적한 컴퓨터에 보낼 수 있을지를 판단합니다. 라우터에서 라우터로 차례차례 전송됨으로써 데이터는 최종적으로 목적한 컴퓨터로 전달됩니다.

라우터는 전송지를 판단하기 위해 라우팅 테이블^{routing table}(경로표)을 참조합니다. 라우팅 테이블에는 수신인의 IP주소(보통 수신인의 네트워크가 지정됨)와 전송하는 라우터의 대응 정보 등이 기재되어 있습니다. 예를 들어 '수신인의 IP주소가 198.51.100.16라면 데이터를 라우터 A로 전송', '198.51.100.32라면 데이터를 라우터 B로 전송'과 같이 경로가 기재된 것입니다.

#라우팅 #라우터 #IP주소 #라우팅 테이블

지정된 IP주소까지
잘 연결해줘!
확실히 보내기 위한
데이터의 '캐치볼'

쿠키
방문자의 이력을 식별하기 위한 정보

웹페이지 방문 시 웹서버가 방문한 PC 등 단말 내에 저장해두는 것이 바로 쿠키cookie라는 데이터입니다. 같은 단말이 같은 웹사이트에 다시 접속하면 웹서버는 쿠키를 보고 본인 확인을 생략하거나 표시를 변경합니다.

웹페이지를 방문할 때는 웹브라우저가 웹서버에 콘텐츠를 요청request하고 웹서버가 웹브라우저에 응답response하는 형태로 통신을 합니다. 웹브라우저는 웹사이트로부터 받은 콘텐츠를 가공해 화면상에 표시합니다.

쿠키는 웹서버에서 발행해 웹브라우저 쪽에 저장시키는 정보로, 같은 웹서버를 다시 요청할 때 함께 전달됩니다. 웹서버에서는 돌려받은 쿠키의 정보에 맞게 커스터마이징한 콘텐츠를 웹브라우저로 보냅니다.

쿠키를 통해 앞서 방문했을 때 설정한 상태 그대로 웹페이지를 표시하거나, 인터넷 쇼핑몰에서 중단했던 쇼핑을 계속하거나, 로그인 과정을 간소화하는 것 등이 가능해집니다.

그러나 한편으로는 쿠키로 인해 접속 이력이 노출되어 불필요한 광고가 표시될 때도 있습니다.

KEYWORD

#쿠키 #웹서버 #콘텐츠 #요청 #응답 #웹브라우저 #접속 이력

매번 ID와 비밀번호를
입력하기 귀찮아…….

웹사이트

그럼 제가
기억해둘게요!

쿠키라는 이름은 운세 쪽지
가 들어 있는 과자 '포춘 쿠키'
에서 유래되었다는 설도 있
습니다.

사이버 공격
IT 세상을 무대로 하는 범죄 행위

사이버 공격이란 네트워크를 통해 대상 컴퓨터나 시스템에 침입해 파괴나 조작, 데이터 갈취 등을 하는 행위를 말합니다. 특정 조직이나 개인이 표적이 되는 경우가 있는가 하면, 불특정 다수를 무차별적으로 노리는 공격도 있습니다.

사이버 공격의 수법은 다양한데, 최근에는 특정 공격 대상을 계획적으로 노리는 표적형 공격, 멀웨어에 감염된 컴퓨터를 '인질' 삼아 금전을 요구하는 랜섬웨어 등의 피해 사례가 늘고 있습니다. 소프트웨어 설계에 보안과 관련된 결함(보안 허점 security hole 또는 취약성)이 있어서 이 부분을 파고드는 공격이 이루어질 때도 있습니다.

공격자는 대부분 컴퓨터나 네트워크 등 IT와 관련된 고도의 기술과 지식을 가진 '해커'입니다. 따라서 해커는 보통 공격자를 가리키는 용어로 사용되는데, 반대로 사이버 공격으로부터 조직 등을 보호하기 위해 본인의 능력을 활용하는 해커도 있습니다. 말하자면 '정의의 아군'인 해커인데, 이를 화이트 해커라고 합니다. 화이트 해커를 공격하는 해커를 블랙 해커 또는 크래커 cracker 라 부르기도 합니다.

#사이버 공격 #멀웨어 #보안 허점 #화이트 해커 #블랙 해커 #크래커

사이버 공간에서 펼쳐지는 새로운 대결

해킹
누군가 당신의 계정을 노린다

타인의 계정 등에 부정한 방법으로 접속하는 행위를 해킹이라고 합니다. 악의를 가진 사람은 접근을 제한하는 인증 정보를 노리고 공격을 수행합니다. 일단 계정이 해킹되면, 원치 않는 구매가 이루어지거나 개인 정보가 노출되기도 합니다.

인터넷상의 서비스는 계정별로 접근할 수 있는 사람을 제한함으로써 보안을 지킵니다. 접근 제한에는 대부분 ID와 비밀번호를 이용합니다. 악의를 가진 사람은 다양한 수법을 사용해 ID와 비밀번호를 훔쳐 해킹을 시도합니다.

이때 피싱이라는 사기 수법이 사용되기도 합니다. 피싱 phishing 이란 가짜 웹사이트(실제로 존재하는 웹사이트와 비슷하게 만든 것)를 꾸며놓고 이메일 등의 링크를 통해 타깃을 유도, 비밀번호와 같은 중요한 정보를 입력하게 하여 이를 알아내는 행위입니다. 한편 키로거 key logger 는 키보드의 입력 내용을 저장해 중요 정보를 훔칩니다.

기술적인 수법을 이용하지 않는 사회공학 social engineering 이라는 기법도 있습니다. 이는 관계자인 척하고 전화를 걸거나, 메모를 훔치거나, 조작 중인 화면을 뒤에서 훔쳐보는 등 사람의 심리적인 빈틈을 노리는 것이 특징입니다.

#계정 #해킹 #보안 #비밀번호 #피싱 #키로거 #사회공학

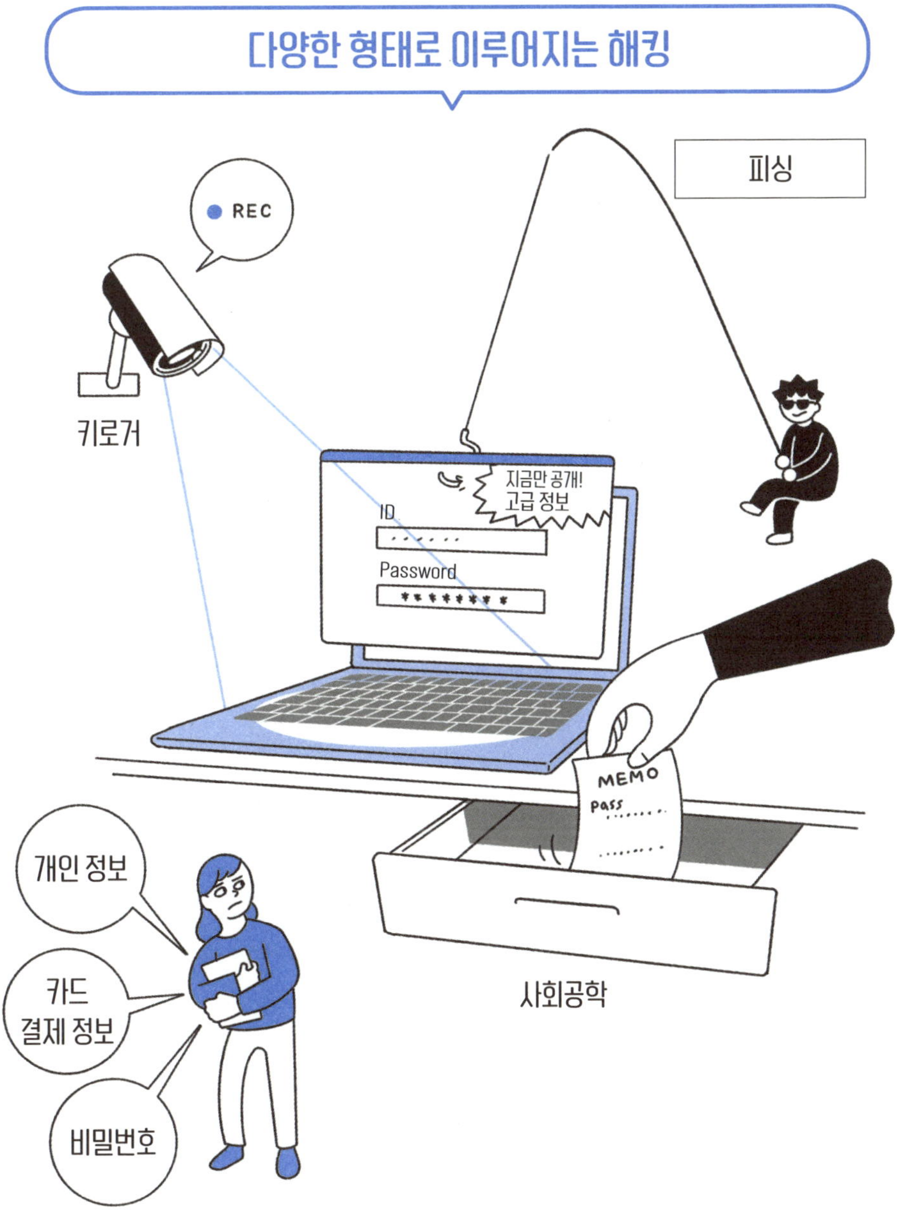

다양한 형태로 이루어지는 해킹
피싱
● REC
키로거
지금만 공개!
고급 정보
ID
Password
MEMO
pass
개인 정보
카드
결제 정보
비밀번호
사회공학

멀웨어
악의를 가진 소프트웨어

컴퓨터에 어떤 형태로든 피해를 주는 것을 목적으로 만들어진 프로그램을 통틀어 멀웨어라고 합니다. 컴퓨터에 의도하지 않은 동작을 시키거나 컴퓨터 내에 있는 정보를 탈취 및 조작, 파괴하는 것 등 다양한 행동을 합니다.

멀웨어malware란 '악의적인 소프트웨어'를 말합니다. 이메일의 첨부 파일 또는 다운로드 파일을 열어서 감염시키는 멀웨어도 있고, 웹사이트를 방문하는 것만으로 감염시키는 멀웨어도 있습니다.

멀웨어는 활동하는 방식에 따라 다양한 호칭이 붙습니다. 자연계의 바이러스처럼 파일을 감염시켜 부정한 방법으로 작동시키거나 감염을 더욱더 퍼뜨리는 바이러스, 파일에 기생하지 않고 자가 증식하는 웜worm, 언뜻 문제없는 프로그램인 것처럼 보이게 한 뒤 잠입해 부정한 방법으로 작동시키는 트로이 목마 등이 있습니다. 컴퓨터의 OS에 숨어들어 컴퓨터에 접근하기 위한 백도어backdoor(뒷문)를 만드는 유형도 있습니다.

컴퓨터를 조작 불능으로 만들고 '몸값'을 요구하는 랜섬웨어, 온라인 뱅킹 거래를 노리는 유형, 부정한 방법으로 가상화폐를 채굴(마이닝)하게 만드는 유형도 등장하는 등, 해마다 멀웨어의 종류가 늘고 있으며 공격 수단 또한 교묘해지고 있습니다.

KEYWORD

#멀웨어 #바이러스 #웜 #트로이 목마 #백도어 #랜섬웨어 #온라인 뱅킹
#채굴

다양한 종류의 멀웨어

랜섬웨어
바이러스
멀웨어 중에는 백도어를 통해 컴퓨터에 침입하는 것도 있다.
백도어(뒷문)
트로이 목마
루트킷
(rootkit, 사용자에게 해킹당하고 있음을 인지하지 못하게 만든 다음 지속적으로 피해를 주는 악성 프로그램 – 옮긴이)
OS

암호화
키를 사용해 내용을 알 수 없게 만드는 기술

특정 계산법을 통해 원래 데이터의 내용을 알 수 없게 변환하는 것을 암호화라 하고, 암호화된 데이터를 원래 데이터로 복구하는 것을 복호화라 합니다. 암호화와 복호화를 위해 키라 불리는 정보를 사용합니다. 암호화에는 공통 키 암호 방식과 공개 키 암호 방식이 있습니다.

디지털 데이터 중에는 개인 정보나 기업의 기밀 정보 등 수많은 중요 정보가 있습니다. 이 정보를 보호하기 위한 구조 중 하나가 바로 암호화입니다. 인터넷상에서 암호화된 데이터가 도난당하더라도 키를 도난당하지만 않는다면 제3자는 데이터의 내용을 알 수 없습니다.

공통 키 암호는 암호화와 복호화에 모두 같은 키를 이용하는 방식입니다. 데이터를 보내는 쪽은 어떤 식으로든 상대방에게 암호화에 사용했던 키를 건네주고, 받은 쪽은 키를 사용해 암호화된 데이터를 원래대로 복구합니다.

공개 키 암호는 공개 키와 비밀 키를 마련해놓고 하나는 암호화에, 다른 하나는 복호화에 사용하는 방식입니다. 공개 키는 누구에게 건네든 상관없지만, 비밀 키는 소유자 말고는 누구도 알아서는 안 됩니다. 데이터를 보내는 쪽은 받는 쪽의 공개 키를 사용해 암호화한 뒤 데이터를 보냅니다. 받는 쪽은 비밀 키를 사용해 암호화된 데이터를 원래대로 복구합니다.

KEYWORD

#암호화 #복호화 #키 #공통 키 암호 방식 #공개 키 암호 방식 #개인 정보
#기업의 기밀 정보 #공개 키 #비밀 키

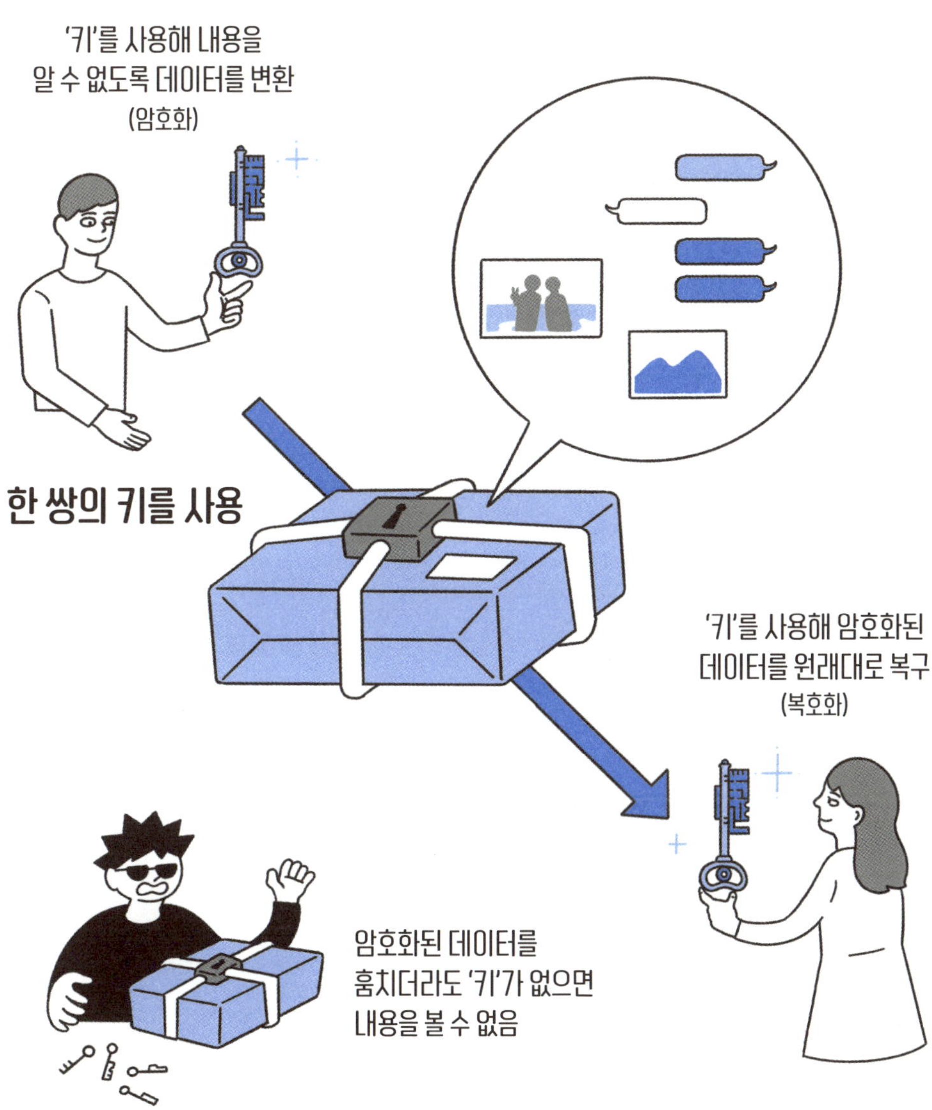
'키'를 사용해 내용을
알 수 없도록 데이터를 변환
(암호화)
한 쌍의 키를 사용
'키'를 사용해 암호화된
데이터를 원래대로 복구
(복호화)
암호화된 데이터를
훔치더라도 '키'가 없으면
내용을 볼 수 없음

해시함수
데이터의 조작을 방지하는 구조

해시함수는 어떤 값을 입력값으로 설정하면 이를 토대로 일정한 순서로 계산해 규칙성 없이 정해진 길이의 값을 출력하는 함수를 말합니다. 입력값이 조금이라도 다르면 출력값이 바뀌므로 블록체인이나 전자 서명 등에 이용되고 있습니다.

해시함수를 통해 출력된 값을 해시값이라고 합니다. 해시함수에는 다양한 종류가 있는데, 해시함수의 종류에 따라 128비트(16바이트)나 256비트(32바이트) 등 해시값의 길이가 정해져 있습니다(아스키ASCII의 경우 16바이트는 알파벳·숫자·기호 16자리).

크기가 큰 데이터에 조작(내용의 수정)이나 손상이 있는지 알아보고 싶을 때는 해시값을 출력해 원래 데이터로부터 나온 해시값과 비교하면 됩니다.

해시함수는 블록체인이나 전자 서명 등에도 이용되므로 무엇보다 안전성이 높아야 합니다. 다행히 해시값을 안다고 하더라도 해시함수를 통해 원래의 데이터를 추측하거나 복원할 수 없습니다. 같은 해시값을 출력하는 다른 데이터를 찾아내기 어렵기 때문입니다.

KEYWORD

#해시함수 #블록체인 #전자 서명 #조작 #해시값 #출력값 #입력값

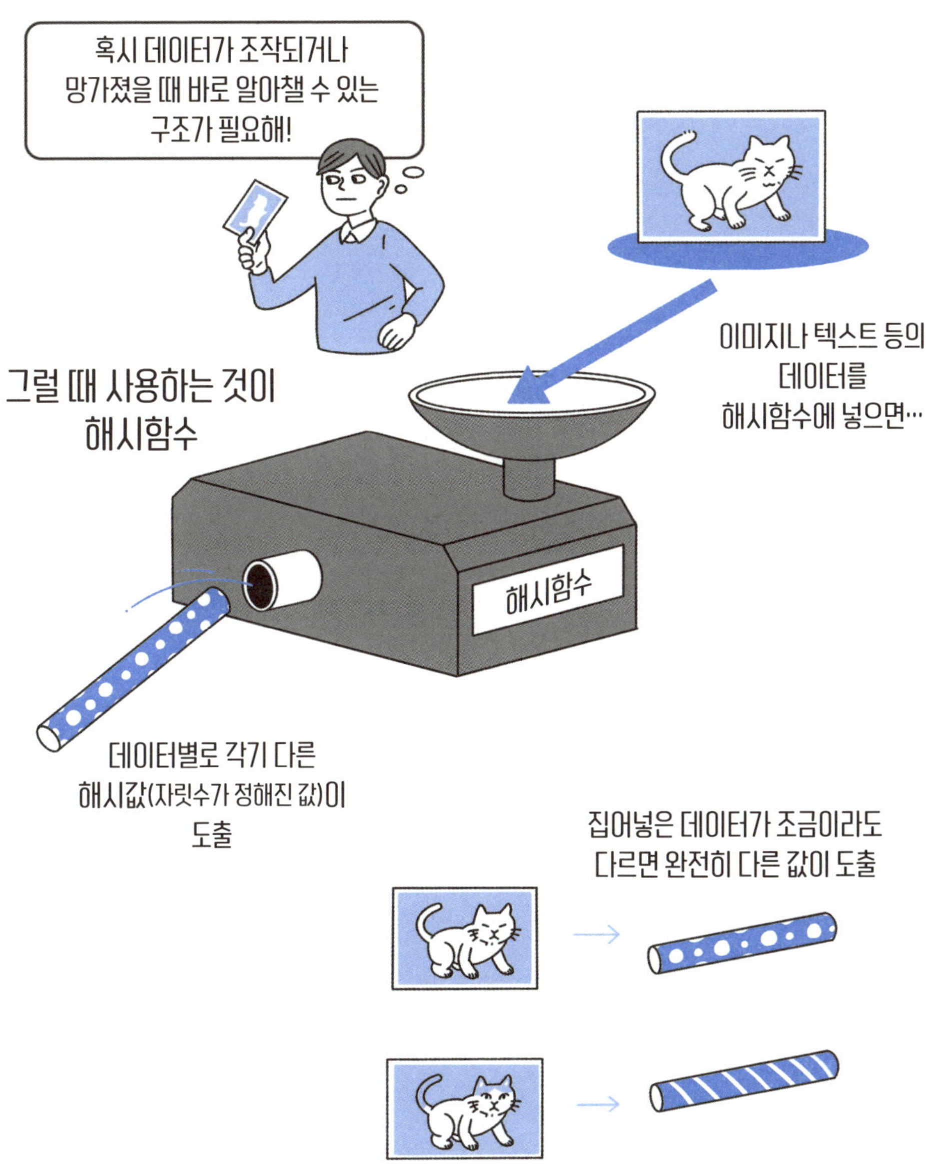

혹시 데이터가 조작되거나
망가졌을 때 바로 알아챌 수 있는
구조가 필요해!

이미지나 텍스트 등의
데이터를
해시함수에 넣으면…

그럴 때 사용하는 것이
해시함수

해시함수

데이터별로 각기 다른
해시값(자릿수가 정해진 값)이
도출

집어넣은 데이터가 조금이라도
다르면 완전히 다른 값이 도출

방화벽
인터넷상의 무단 침입을 막아주는 방화벽

현실 세계에서도 들어가서는 안 되는 장소에 무단 침입해 나쁜 행위를 하려는 사람이 있듯, 컴퓨터나 네트워크에도 원래 이용할 권한이 없는 사람이 악의를 가지고 부정한 방법으로 접근하는 경우가 있습니다. 이러한 외부의 접근을 방지하는 시스템이 바로 방화벽입니다.

인터넷에 연결된 랜(가정이나 회사 내에 만들어진 소규모 네트워크)에 악의가 있는 사람이 부정한 방법으로 접근을 시도할 때가 있습니다. 한 번 접근을 허용해버리면 정보의 도청이나 조작, 파괴 등으로 인해 랜 전체가 막대한 손해를 입을 수 있습니다. 이러한 부정 접근을 방지하기 위해 방화벽firewall이라는 '벽'으로 랜과 인터넷을 분리하고 출입하는 데이터를 감시합니다.

방화벽은 이상이 없는 데이터만 통과시키고, 악의적인 데이터를 발견하면 이를 폐기해 피해를 막습니다. 방화벽은 말 그대로 건물의 화재를 막는 '방화벽'에서 유래한 용어입니다.

PC나 가정 내의 랜 등에 부정한 방법으로 접근하는 것을 방지하기 위한 보안 소프트를 개인 방화벽personal firewall이라고 합니다. 예를 들어 윈도 10에는 윈도 디펜더Windows Defender 방화벽이 표준 탑재되어 있습니다.

KEYWORD

#부정 접근 #방화벽 #보안 소프트웨어 #개인 방화벽

악의적인 공격으로부터 정보와 네트워크를 보호하는 방화벽

バサッ
G
N
GAFA
T
M
A

제3장

테크놀로지와 사회

테크놀로지는 사회 시스템을 크게 혁신할 만한 거대한 가능성을 가지고 있습니다. GAFA의 대두는 세계 정세를 크게 바꾸었고, 공유경제는 새로운 비즈니스모델을 내세우며 성공을 거두었습니다. 테크놀로지를 이용하면 시간과 공간을 효율적으로 사용할 수 있습니다. 이번 장에서는 테크놀로지와 사회의 관계에 대해 소개합니다.

정보 시스템
IT 없이는 성립되지 않는 사회

컴퓨터를 이용해 정보를 주고받는 기술을 정보기술Information Technology, 줄여서 IT라 부릅니다. 여기에 통신기술을 추가한 정보통신기술Information and Communication Technology을 ICT라고 합니다.

일상생활의 다양한 상황에 IT로 구축한 정보 시스템이 활용되고 있습니다. 회사의 고객 관리 시스템, 판매점의 재고 관리 시스템, 한 장만 있으면 전철도 탈 수 있고 쇼핑도 할 수 있는 교통 IC 카드 시스템, 월간 정액 요금으로 보고 싶은 동영상 콘텐츠를 즐기는 VOD Video on Demand(주문형 비디오) 서비스 제공 시스템, 도로 교통을 안전하고 원활하게 유지해주는 시스템, 수도·가스·전기의 안정적인 공급을 관리하는 시스템 등이 모두 정보 시스템입니다.

스마트폰을 통해 다양한 서비스를 이용할 수 있는 것도, 서비스의 숫자만큼 정보 시스템이 마련되어 있기 때문입니다. IT 덕분에 우리 사회가 여러 가지 편리함을 얻은 반면, IT가 없으면 그 즉시 일상이 멈춰버린다는 양면성이 있습니다.

이제 IT는 우리 사회에 없어서는 안 될 존재가 되었습니다.

KEYWORD

#정보 시스템 #IT #ICT #고객 관리 시스템 #재고 관리 시스템 #교통 IC 카드 #VOD 서비스

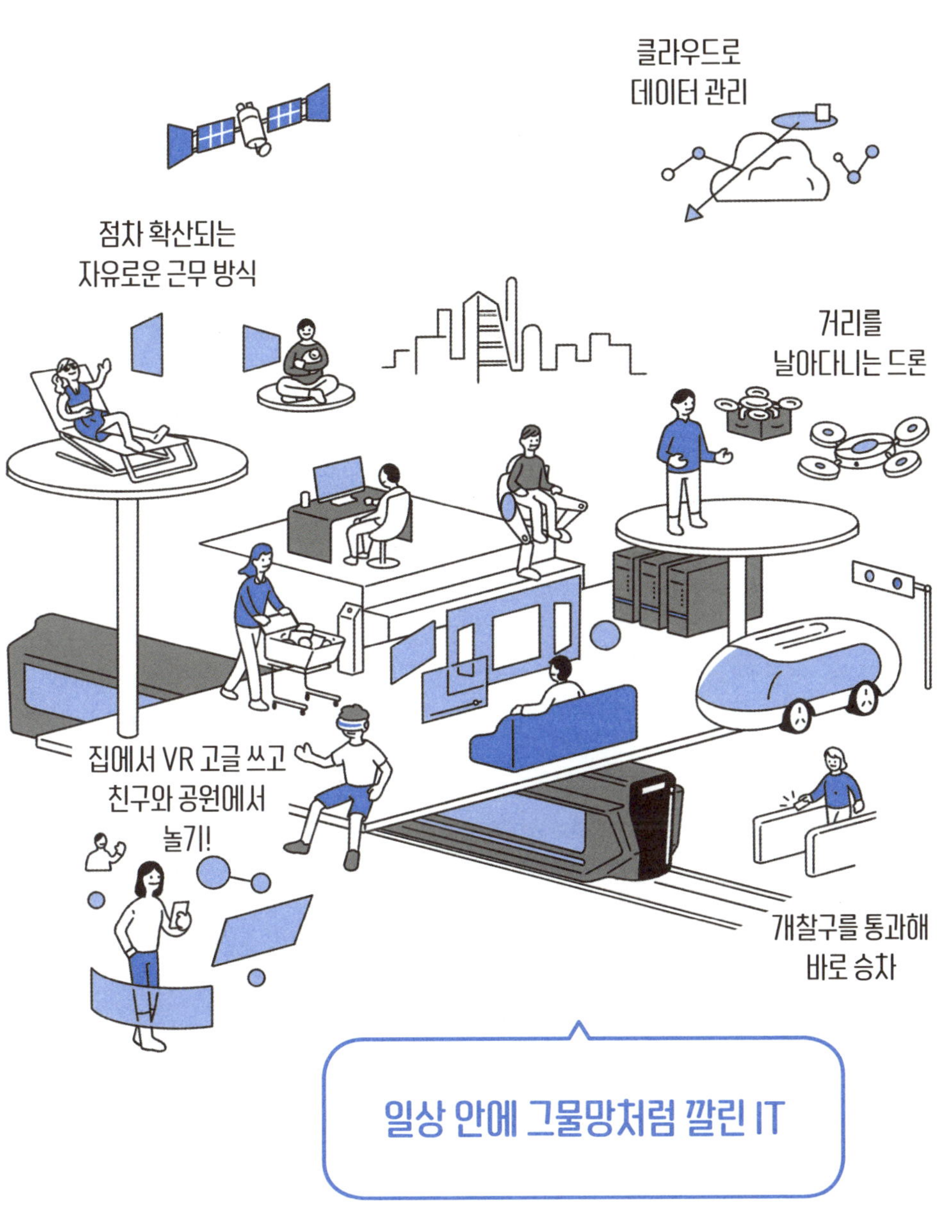

일상 안에 그물망처럼 깔린 IT

모바일 전환
모바일 단말이 보급되면서 생긴 변화

IT 이용의 주역은 데스크톱 PC에서 이동형 모바일 단말로 크게 변화했습니다. 모바일 단말이 진화하고 자리 잡으면서, 웹서비스와 소프트웨어를 개발할 때도 모바일 단말 이용을 전제로 하게 되었습니다.

모바일 단말(줄여서 모바일)이란 휴대하면서 이용할 수 있는 스마트폰 또는 태블릿 등의 전자기기를 말합니다. PC가 있어야만 할 수 있던 일을 모바일 단말로도 할 수 있게 되면서, PC를 소유하지 않고 스마트폰만 소유하는 사람이 늘어났습니다. GPS나 센서로 취득한 정보를 활용해 모바일로만 할 수 있는 일도 늘고 있습니다. 이에 따라 기업의 경제 활동과 소비자의 행동에 모바일 이용을 전제로 하는, 모바일 전환Mobile Shift이라는 변화가 일어났습니다.

모바일 전환의 흐름 중 하나는 모바일 이용을 우선시하겠다는 사고방식인 모바일 우선주의Mobile First입니다. 예전에는 PC 이용을 전제로 한 개발이 우선시되고 모바일용은 뒤로 밀려났는데, 이제는 모바일 우선주의로 인해 PC 버전과 모바일 버전이 동시에 개발되거나, 스마트폰용 앱이 선행 개발되고 있습니다.

KEYWORD

#데스크톱 PC #모바일 단말 #스마트폰 #태블릿 #모바일 전환
#모바일 우선주의

업무의 흐름까지 바꾸는 모바일 전환

GAFA
IT 업계의 사대천왕

미국에 본거지를 둔 거대 IT 기업 중, 특히 성장세가 눈에 띄는 구글, 애플, 페이스북, 아마존 4사를 한데 묶어 GAFA(가파)라는 신조어로 부릅니다. 각자의 분야에서 압도적인 시장 점유율을 자랑하는 4사는 사회적인 영향력도 큽니다.

아이폰을 들고 다니고, 구글로 검색하며, 페이스북으로 친구와 교류하고, 아마존에서 쇼핑합니다. 모두 해당하지는 않더라도 이 중 몇 가지는 경험해본 적 있을 겁니다. 이처럼 GAFA가 제공하는 상품과 서비스는 사회생활을 하는 데 꼭 필요한 인프라로 자리매김했습니다. 사회적인 기반을 제공하는 회사라는 의미로 GAFA를 플랫폼 기업 또는 플랫포머^{platformer}라고도 부릅니다.

GAFA는 무료 서비스나 편리한 서비스를 사람들에게 제공하는 한편, 해당 서비스를 통해 방대한 개인 정보를 수집합니다. 이렇게 얻은 개인 정보를 사업에 활용해 더 많은 수익을 창출하는데, 이런 독점적인 행태나 프라이버시 보호 관점에서 GAFA를 규제해야 한다는 움직임도 생겨나고 있습니다. GAFA의 뒤를 바짝 쫓는 기업도 여럿 있으며, 이 기업들도 꾸준히 성장하고 있습니다.

KEYWORD

#구글 #애플 #페이스북 #아마존 #GAFA #플랫폼 기업 #플랫포머

21세기 새로운 세계의 재벌 기업

STEM과 STEAM
미래를 짊어질 인재를 교육

과학Science, 기술Technology, 공학Engineering, 수학Mathematics의 머리글자를 나열한 신조어입니다. 모두 IT 인재를 육성하는 데 필요한 이공계 학문으로, 미국의 교육 현장에서 만들어진 개념입니다. STEM에 예술Art을 추가한 STEAM이라는 용어도 있습니다.

이공계 과목인 STEM에 중점을 둔 교육이 주목받고 있습니다. 최근 IT 등 이공계 분야 테크놀로지의 발전이 두드러지며 그 중요성이 커졌기 때문입니다. 앞으로도 해당 분야의 인재에 대한 수요가 높아질 것으로 예상됩니다. STEM(스템)에 창조적인 분야인 예술Art을 추가한 STEAM(스팀)을 교육의 중점 분야로 봐야 한다는 견해도 있습니다.

일본의 경우 2018년 6월에 문부과학성(한국의 교육부·과학기술정보통신부·문화체육관광부에 해당하는 일본의 정부 부처—옮긴이)과 경제산업성(한국의 산업통상자원부·중소벤처기업부에 해당하는 일본의 정부 부처—옮긴이)이 STEAM 교육의 필요성에 대해 제언했습니다. 여기서 예술Art이란 디자인·미술뿐만 아니라 인문과학, 사회과학 등 이른바 문과를 대표하는 용어로 사용되고 있습니다.

STEAM에 중점을 두고 기초적인 학력을 쌓은 다음 문제 해결 능력과 상상력, 창조력을 향상시키는 것이 골자입니다. 문·이과 지식을 통합적으로 활용하는 능력이 필요한 시대가 도래했습니다.

KEYWORD

#과학 #기술 #공학 #수학 #IT 인재 #STEM #STEAM #예술 #상상력 #창조력

STEAM 교육의 시대가 도래

갈라파고스화
국내에선 뛰어나지만 세계에선 뒤떨어진 것

기술 및 서비스 등이 특정 시장에서 독자적인 방향성으로 발전·발달한 결과 정작 글로벌 시장에서는 경쟁력을 잃는 상태를 갈라파고스화라고 합니다. 갈라파고스 제도의 생태계가 다른 지역의 영향을 받지 않고 독자적인 진화했다는 것을 빗댄 용어입니다.

2000년대 일본산 휴대전화는 일본 내 시장 경쟁에서 승리하기 위해 새로운 기능과 서비스를 잇달아 탑재하면서 독자적으로 진화했습니다. 일본 독자적인 기능으로는 원세그(휴대전화로 TV를 시청할 수 있는 기능으로 한국의 DMB에 해당함—옮긴이), 통화 벨소리, 지갑 휴대폰(선금 충전식 전자 결제 서비스—옮긴이), 적외선 통신, 이모티콘 등이 있으며, 이를 탑재한 고성능 휴대전화가 잇달아 탄생했습니다.

그러나 이 진화는 세계 시장의 니즈에 맞지 않았던 탓에, 일본산 휴대전화는 글로벌 시장 점유율을 획득하지 못했습니다. 이렇게 일본 시장에서만 통하도록 진화한 휴대전화를 갈라파고스 제도의 생태계에 빗대어 '갈라파고스 휴대전화'라 부릅니다.

이처럼 공산품, 규격, 생활 관습 등이 세계의 주류에서 벗어나거나 세계 표준에 뒤처지는 등, 해당 국가에서만 통하는 독자적인 제품이나 규격이 된 상태를 갈라파고스화라고 합니다.

KEYWORD

#갈라파고스화 #갈라파고스 제도 #통화 벨소리 #원세그 #지갑 휴대폰

갈라파고스 제도에서 독자적으로 진화한 생물
갈라파고스이구아나
갈라파고스땅거북
푸른발얼가니새
갈라파고스 제도의 생물처럼 독자적으로 진화한 일본의 갈라파고스 휴대전화
좋아하는 노래를 다운로드 받아 착신음으로 설정하는 '통화 벨소리'
일본 시장에서만 통하는 갈라파고스 휴대전화 전용 브라우저
원세그, 지갑 휴대폰 등…
스마트폰으로 계승된 기능도 있음
10:27

디지털 디바이드
디지털 활용력에 따른 경제적·사회적 격차

IT로 인해 다양한 혜택을 누릴 수 있게 된 반면, IT를 이용할 수 있는 사람과 그렇지 못한 사람 사이에 경제적·사회적 격차가 생길 수 있습니다. 이를 디지털 디바이드digital divide(정보 격차)라고 합니다. 경제력이나 환경, IT 능력 등 격차가 생기는 원인은 다양합니다.

IT가 주는 혜택을 누리려면 IT를 잘 소화해내는 능력은 물론, 고성능 컴퓨터를 살 수 있는 경제력, 고속 인터넷에 접속할 수 있는 환경 등이 필요합니다. 하루가 다르게 생겨나는 기술과 서비스를 따라가려면 학습에 대한 의욕과 능력도 반드시 있어야 합니다. 능력이나 경제력이 없고, 인터넷 접속 환경이 열악하며, 학습 의욕이 부족할 경우, IT를 통해서만 받을 수 있는 혜택을 받지 못하게 됩니다. 여기서 격차가 생깁니다.

디지털 네이티브digital native라 불리는 젊은이와 디지털 기기를 따라가지 못하는 고령자처럼 세대에 따른 격차가 있는가 하면, 인터넷 접속 환경이 잘 갖추어진 도시 거주자와 그렇지 못한 지방 거주자 사이의 격차도 있습니다.

인터넷을 통한 정보 수집 능력에 따른 취업 기회의 차이로 인해 결과적으로 수입 격차가 생기는 일도 발생하고 있습니다.

#디지털 디바이드 #경제적·사회적 격차 #디지털 네이티브 #인터넷 접속 환경
#정보 수집 능력

여러 가지 정보를 바로 얻을 수 있는 현대 사회, 그러나 정보는 불평등

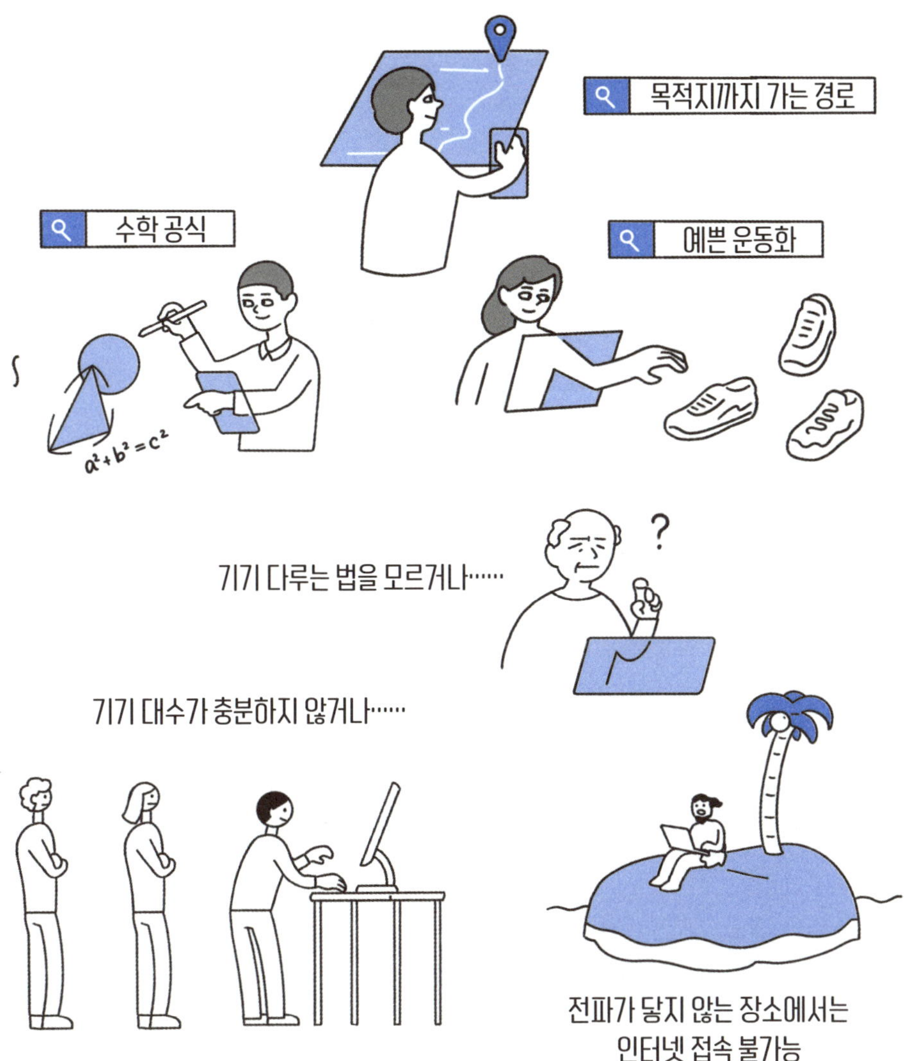

SNS
확연히 달라진 커뮤니케이션 수단

SNS는 사회적인 연결 고리social network를 구축하기 위한 인터넷상의 플랫폼입니다. SNS로 연결된 친구와는 서로 정보를 공유하며 친목을 다질 수 있습니다. 대표적인 SNS로는 페이스북, 트위터, 인스타그램, 라인, 카카오톡 등이 있습니다.

친구나 지인에게 연락을 취하기 위해, 또 자신의 일상이나 생각을 전하기 위해 편지, 전화, 이메일 대신 SNS를 이용하는 것은 이제 당연해졌습니다. 기업이나 매장에서 광고나 이벤트 정보를 홍보하기 위한 도구로 SNS가 사용되기도 합니다.

실명 가입을 전제로 하는 페이스북은 스토리 올리기, '좋아요' 기능, 댓글 남기기 등 다양한 정보 공유 시스템을 도입했을 뿐만 아니라, 프로필에 등록한 정보를 토대로 현실 세계의 친구나 지인을 찾을 수도 있습니다.

트위터는 수다 떨듯 짧은 글을 올리는 것이 특징으로, 리트윗 기능을 통해 정보를 쉽게 전파할 수 있습니다. 단어 첫머리에 #(해시태그)를 붙이면 편하게 검색할 수 있습니다.

인스타그램은 사진 업로드, 카카오톡과 라인은 무료 통화와 채팅이라는 메시지 주고받기를 특징으로 하는 등, 각사의 특기 영역이 다릅니다.

KEYWORD

#SNS #페이스북 #트위터 #인스타그램 #카카오톡 #라인 #이메일 #리트윗 #사진 업로드 #무료 통화 #채팅

SNS를 이용하지 않는 사람도 일부 존재

인터넷 쇼핑
일상에 침투한 인터넷상의 쇼핑

인터넷 쇼핑을 이용하면 직접 매장까지 가지 않고도 쇼핑을 할 수 있습니다. 상품 종류가 풍부하고 가격을 비교하면서 고를 수 있다는 장점도 있습니다. 그러나 결제를 했는데도 상품이 오지 않거나, 가짜 상품이 도착하는 등의 문제가 생길 때도 있습니다.

쇼핑 사이트에는 다양한 형태가 있습니다. 아마존처럼 폭넓은 분야의 상품과 서비스를 판매하는 사이트가 있는가 하면, 한국의 신선 식품 전문 쇼핑몰 마켓컬리처럼 특정 분야의 상품과 서비스를 판매하는 사이트도 있습니다. 네이버 스토어나 야후쇼핑처럼 운영사가 온라인 스토어에 판매 공간을 제공하는 몰mall 형태의 사이트도 있습니다. 몰 형태에서는 장바구니 등의 결제 기능과 고객의 취향 등을 파악하는 마케팅 기능도 함께 제공되기 때문에, 상점 입점 장벽이 낮아집니다.

소비자는 인터넷 쇼핑을 통해 오프라인 매장에서는 구하기 어려운 틈새시장 상품, 희귀 상품을 구할 수 있습니다. 그러나 사기 목적의 악덕 업자도 있으니 주의해야 합니다. 입소문이나 리뷰는 상품을 구입하는 데 좋은 참고 자료지만, 높은 평가를 받은 상품 중 '리뷰 조작단'이라 불리는 업자에 의해 평가가 조작된 것도 존재합니다.

#인터넷 쇼핑 #아마존 #야후쇼핑 #온라인 스토어 #리뷰 조작단

ENGLISH
LESSON
Bicycle insurance
TICKET
ENJOY
x 12

인터넷 옥션
필요 없는 물건을 손쉽게 사고 팔기

개인이 필요 없는 물건을 판매하는 장으로 인터넷 옥션과 벼룩시장 앱이 등장했습니다. 인터넷 옥션은 최고가를 제시한 사람이 물품을 낙찰받습니다. 최근 인기가 높은 벼룩시장 앱은 출품자가 정해진 가격을 매기고 원하는 사람이 선착순으로 구입하는 방식으로 거래합니다.

인터넷 옥션과 벼룩시장 앱은 인터넷상에서 이루어지는 전자상거래EC, Electronic Commerce의 한 가지 형태입니다.

1999년 인터넷 옥션인 야후옥션 서비스가 시작되었을 당시, 주체는 소비자 간 거래C2C(C는 Customer)였습니다. 그러나 현재는 기업도 출품하여 기업 대 소비자 거래B2C(B는 Business)가 이루어지기도 합니다.

일본의 경우, 2013년 벼룩시장 전용 앱이 스마트폰용으로 등장했습니다. 팔고 싶은 물건을 스마트폰 카메라로 촬영해 출품하는 간편성이 특징입니다.

인터넷 옥션과 벼룩시장 앱에서는 소비자 간 거래가 가능한데, 문제가 발생하면 기본적으로 당사자들끼리 해결해야 합니다. 판매자 사칭, 가짜 명품이나 장물과 같은 불법 상품 등록, 인기 상품이나 희귀 상품의 고액 되팔이 등도 문제가 되고 있으니 주의해야 합니다.

KEYWORD

#인터넷 옥션 #벼룩시장 앱 #EC #야후옥션 #C2C #B2C

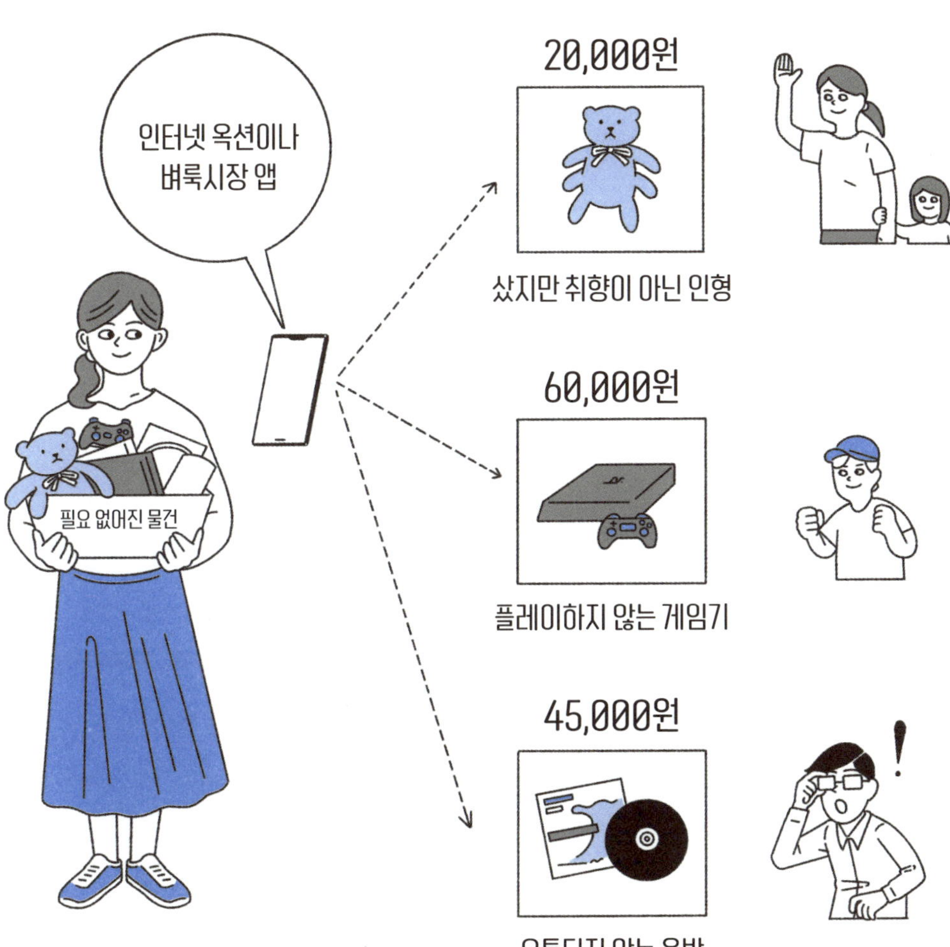

인터넷을 통해 필요 없는 물건을 돈으로 바꾸기
인터넷 옥션이나 벼룩시장 앱
필요 없어진 물건
20,000원
샀지만 취향이 아닌 인형
60,000원
플레이하지 않는 게임기
45,000원
유통되지 않는 음반

공유경제
모든 재화·가치가 대여의 대상으로

인터넷을 통해 자신의 소유물을 전혀 모르는 타인에게 빌려주고 대가를 얻는 구조를 공유경제 sharing economy라고 합니다. 공유경제 서비스로는 민박 서비스인 에어비앤비Airbnb, 승차 공유 서비스인 우버Uber 등이 있습니다.

지금은 공간과 이동 수단, 사물과 기술 같은 다양한 것들이 공유share되는 세상입니다.

공유경제에서는 서비스 사업자를 통해 '빌려주는 사람'과 '빌리는 사람' 양쪽의 연결을 중개하는 앱 또는 웹이 제공됩니다.

공간을 공유하는 서비스로는 민박이 있습니다.

이동 수단을 공유하는 서비스로, 자동차는 차량 공유나 승차 공유, 자전거는 공유 자전거가 있습니다. 우버이츠Uber Eats(한국의 '배민커넥트' 또는 '쿠팡이츠'에 해당하는 배달 대행 서비스—옮긴이)처럼 자투리 시간에 자전거로 음식을 배달하는 서비스도 있습니다.

의류 대여처럼 상품도 공유되고, 집안일 대행처럼 기술도 공유됩니다.

공유 서비스는 대부분 이용자끼리 직접 금전 거래를 하는 대신, 서비스 사업자가 결제 수단을 제공해 문제를 방지하고 있습니다.

#공유경제 #에어비앤비 #우버 #민박 #차량 공유 #승차 공유 #공유 자전거

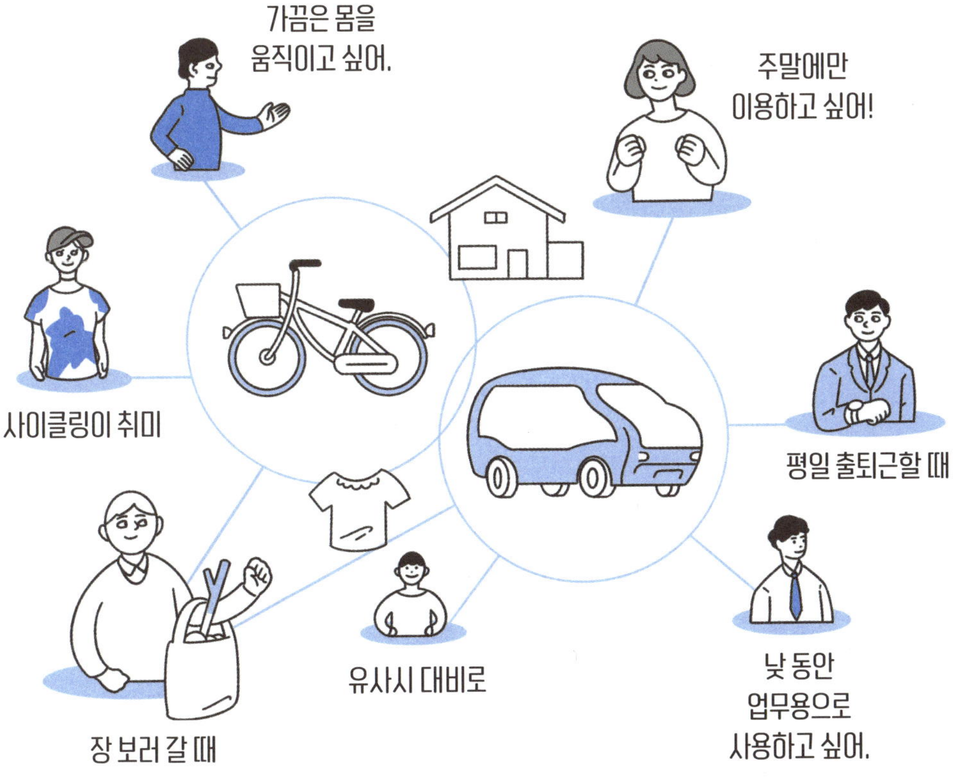

소유 시 발생하는 유지비나
주차 요금 문제를 해결하기 위한
새로운 수단

RFID
의외로 많이 사용되는 IT 시스템

RFID^{Radio Frequency IDentifier}(무선 주파수 식별자)란 무선 전파를 이용해 태그에 심어진 정보를 읽고 쓰는 기술 혹은 시스템을 말합니다. 비접촉 방식이므로 스캐너에 IC칩을 내장한 태그를 가까이 대면 정보를 주고받을 수 있습니다.

RFID의 이용 사례 중 하나로 교통 카드를 들 수 있습니다. 단말기에 카드만 갖다 대면 이용 요금이 결제됩니다. 제조, 물류, 판매 과정의 물품 관리에도 RFID가 이용되고 있습니다.

소니가 개발한 펠리카^{Felica}와 같은 비접촉식 IC카드도 넓은 의미로는 RFID의 일종입니다. 태그에 전지를 내장하는 타입을 액티브^{Active}형, 내장하지 않는 타입을 패시브^{Passive}형이라고 하는데, 패시브형은 리더기에서 나오는 전자파를 동력원 삼아 작동합니다.

마찬가지로 리더기로 스캔하는 기술로는 바코드가 있습니다. 바코드는 상품 하나하나를 리더기로 스캔해야 하지만, RFID는 오염에 강한 데다 무선 전파가 닿는 범위(보통 수㎝~수m) 내라면 스캔할 수 있고, 여러 상품의 태그를 일괄 스캔하거나 포장된 상태에서도 스캔이 가능합니다. 또 태그에 대량의 정보를 넣을 수 있어 정보 기록용으로 활용할 수도 있습니다.

#RFID #단말기 #IC칩 #액티브형 #패시브형 #바코드 #RFID 태그

여러 가지 상황에 활용되는 RFID

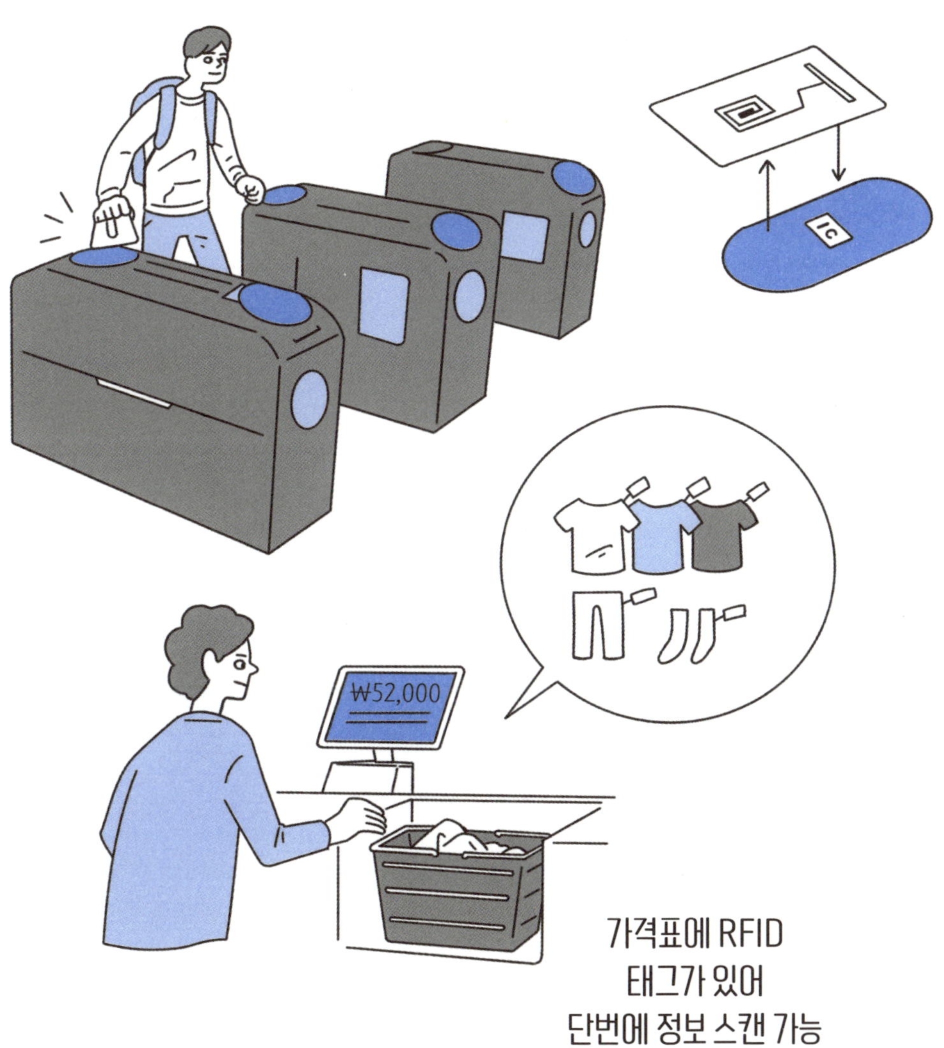

IoT
점차 늘고 있는 인터넷 연결 사물

'Internet of Things'의 약자인 IoT는 직역하면 '사물 인터넷'입니다. 다양한 사물이 네트워크에 연결됨으로써 사물과 사물, 사물과 사람, 사물과 클라우드의 정보 교환이 가능해지고, 새로운 부가가치를 창출할 수 있게 되었습니다.

센서 기술과 네트워크 기술이 진화하면서 여러 가지 디바이스(장치)를 인터넷(을 중심으로 하는 네트워크)에 연결해 사용할 수 있게 되었습니다. 또한 디바이스에 탑재된 센서와 카메라로 얻은 데이터를 네트워크를 경유해 수집한 다음, 해당 데이터를 분석해 다양한 곳에 유용하게 쓸 수도 있습니다.

사람이나 디바이스의 상태 분석하기, 최적의 환경 산출하기, 행동 예측하기 등 활용법은 다양합니다. 멀리 떨어진 곳에서 디바이스의 동작을 제어할 수 있다는 것도 IoT의 특징입니다. 예를 들어 에어컨이나 냉장고, 로봇 청소기와 같은 가전의 경우, 가동 상태를 분석해 결과를 사람에게 알려주거나, 외출 중 전원의 ON-OFF 명령을 내릴 수도 있습니다.

자동차를 PC나 스마트폰 같은 정보 단말로 활용하는 커넥티드카도 IoT 사례 중 하나입니다.

KEYWORD

#IoT #클라우드 #디바이스 #로봇 청소기 #센서 #카메라 #커넥티드카

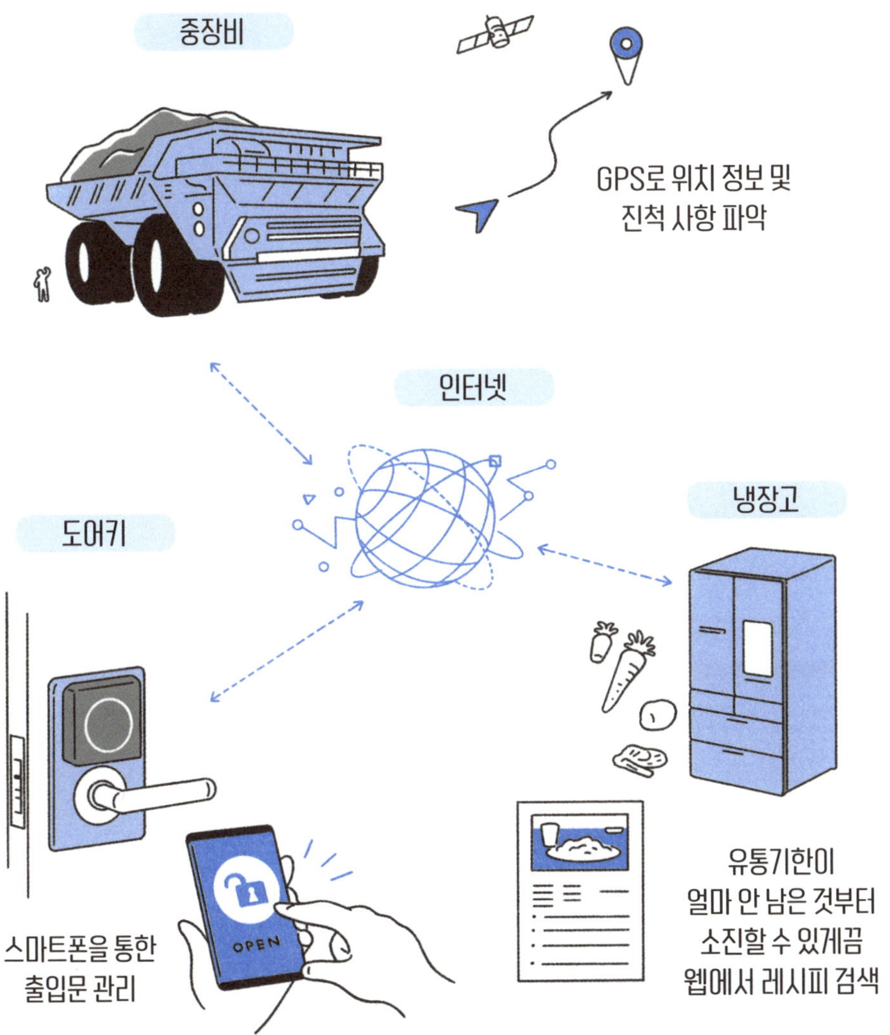

산업과 생활을 획기적으로 바꾸는 IoT
중장비
GPS로 위치 정보 및
진척 사항 파악
인터넷
냉장고
도어키
스마트폰을 통한
출입문 관리
유통기한이
얼마 안 남은 것부터
소진할 수 있게끔
웹에서 레시피 검색

LPWA와 5G
IoT를 뒷받침하는 새로운 통신기술

IoT 보급이 진행될수록 네트워크에 연결되는 디바이스의 수는 점점 늘어납니다. 따라서 무수한 소형 디바이스가 소량의 데이터를 원활히 주고받도록 돕는 기술이 발달했습니다. IoT의 무선 통신 방식으로 주목받는 기술이 바로 저소비전력으로 장거리 통신이 가능한 LPWA입니다.

IoT에서는 대량의 기기가 각각 소량의 데이터를 주고받습니다. 대부분의 디바이스는 소형이면서 전기 공급 여부에 영향을 받지 않는 배터리 구동이고, 이용 형태에 따라 통신 거리가 몇 킬로미터에 이를 때도 있습니다. 이처럼 IoT 통신에 적합한 특징을 지닌 통신 방식이 바로 LPWA^{Low Power Wide Area}(저전력 광대역 통신기술)입니다. 디바이스의 전지를 몇 년 동안 교환하지 않아도 되는 저소비전력^{Low Power}에, 수백 미터에서 수 킬로미터의 광대역 통신이 가능^{Wide Area}한 데다 저비용입니다.

LTE와 LTE-Advanced 등의 4G(4세대 이동통신 시스템, G는 Generation[세대]의 약자)에 이은 차세대 통신 방식으로 등장한 것이 바로 5G(5세대 이동통신 시스템)입니다. 초고속, 높은 신뢰성에 저지연, 대량의 디바이스가 동시에 통신할 수 있다는 것이 특징입니다. 5G는 다양한 서비스, 특히 IoT 네트워크에 이용될 것으로 기대됩니다.

KEYWORD

#IoT #LPWA #저소비전력 #광대역 통신 #통신 방식 #5G #LTE #LTE-Advanced #4G

다양한 통신기술 개발

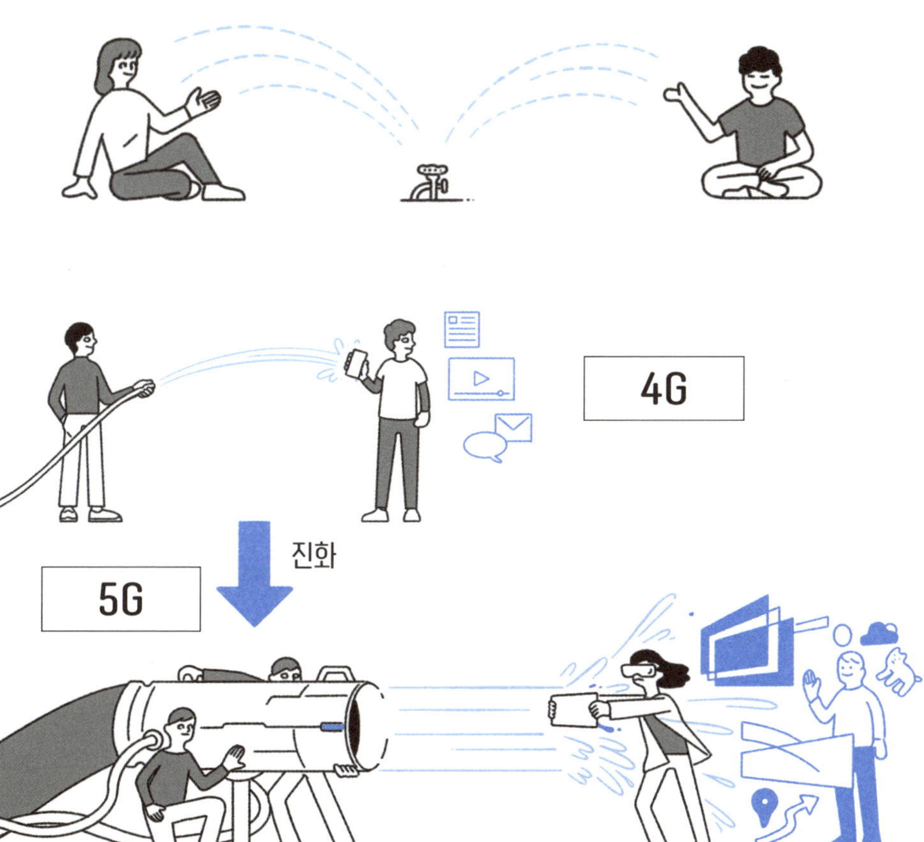

LPWA
4G
5G
진화

드론
'사람 대신 하늘을 나는' 소형 무인 비행기

사람이 리모컨으로 원격 조작해 날게 하는 소형의 무인 비행기를 드론이라고 합니다. 사전에 입력해둔 프로그래밍에 따라 자율 비행하는 드론도 있습니다. 드론은 카메라를 탑재해 공중 촬영하는 것을 비롯해 다양한 용도에 활용되고 있습니다.

드론은 원래 무인 공격기나 무인 정찰기 등 군사 목적으로 개발되었습니다. 보통 드론이라 하면 프로펠러가 여러 개 달린 멀티콥터(헬리콥터의 일종으로 여러 개의 회전 날개가 달림) 타입을 떠올리지만, 화물을 운반할 수 있는 대형 드론, 도르래형의 초소형 드론 등 다양한 형태의 드론이 활용되고 있습니다.

비행을 위해 초음파 센서, 기압 센서, 자이로스코프, GPS, 렉테나rectenna(안테나의 일종), AI 등의 기술이 쓰입니다. 드론을 스마트폰으로 조작할 때는 와이파이나 블루투스로 접속합니다.

사람이 하기 어려운 작업은 앞으로 드론이 대신해줄 것이라 예상됩니다. 공중 촬영, 농약 및 비료의 공중 살포, 위험한 장소에 있는 설비나 건물 점검 등에 이용될 뿐만 아니라 장차 본격적인 실용화를 위한 드론 택배 기술 검증도 이루어지고 있습니다. 오락 목적의 드론도 많습니다.

#드론 #초음파 센서 #기압 센서 #자이로스코프 #렉테나 #드론 택배

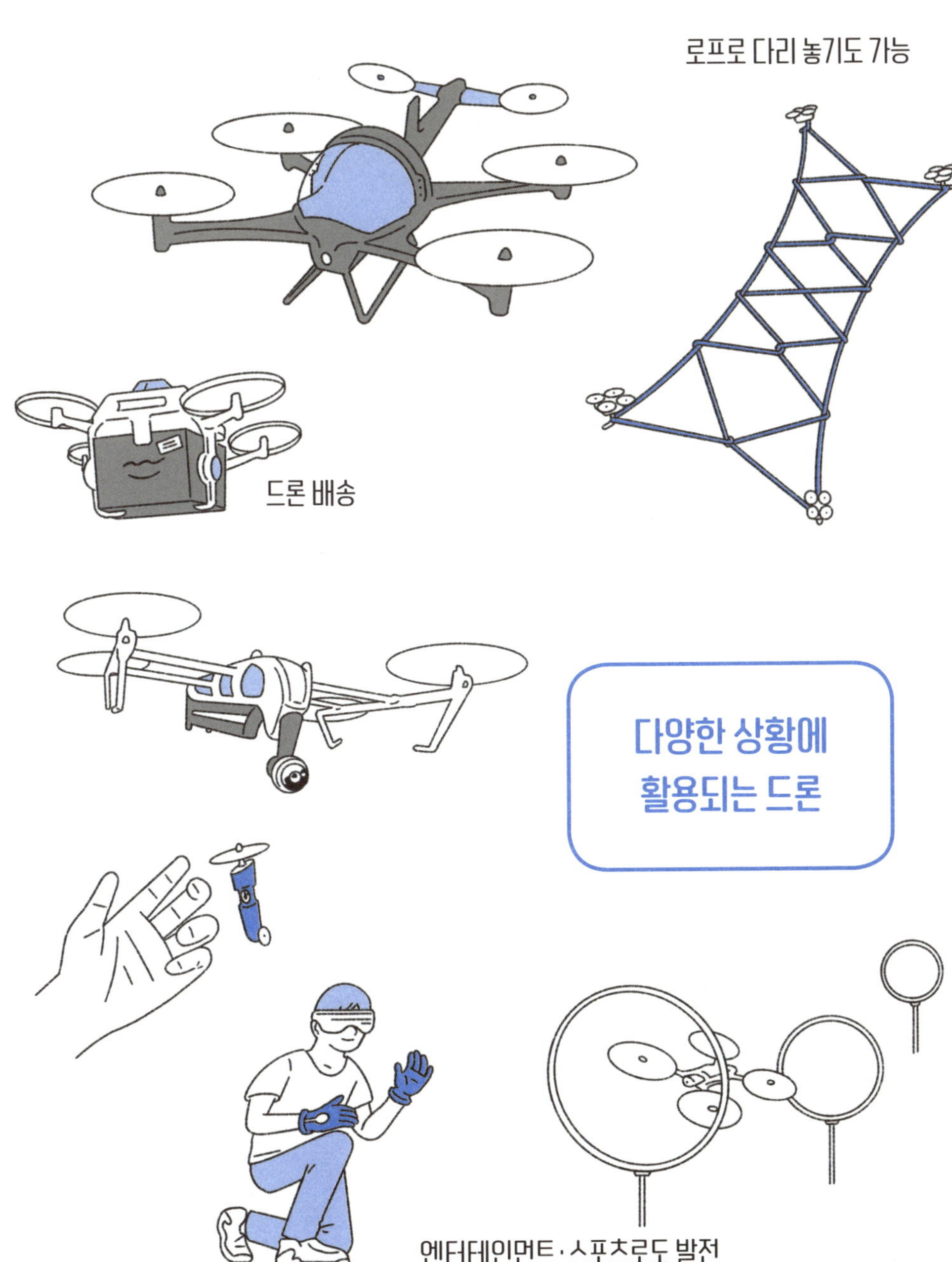
로프로 다리 놓기도 가능
드론 배송
다양한 상황에
활용되는 드론
엔터테인먼트·스포츠로도 발전

3D프린터
3차원 물체를 '프린트'하는 기계

가정이나 사무실에서 이용되는 프린터는 종이에 평면 이미지를 인쇄합니다. 평면이란 가로×세로의 2차원2D을 말합니다. 반면에 3D 프린터는 말 그대로 3차원을 인쇄합니다. 즉 가로×세로×높이가 있는 3차원 물체를 만들어냅니다.

일반적인 프린터는 액상 잉크를 사용하지만, 3D프린터는 잉크 대신 헤드에서 수지를 매우 얇게 분사하고 자외선을 쏘는 방법으로 수지를 굳혀 형태를 만들어냅니다. 열을 가해 수지를 입체적으로 조형하거나, 레이저광으로 분말을 구워 형태를 만드는 등 다양한 방식이 실용화되었습니다.

3D프린터의 이점 중 하나는 일반적인 공작기계로 만들기 어려운 중공 구조(내부에 빈 공간이 있는 구조)를 제작할 수 있다는 점입니다. 금속 틀이 필요 없어 소량 생산이나 개별 생산에 활용할 수 있는 데다, 소규모 공작 설비만 있으면 된다는 점도 큰 장점입니다.

활용 사례로는 의료 분야에서 인공 뼈나 틀니 등을 조형할 때를 꼽을 수 있습니다. 이는 사람에 따라 형태가 다르고 정밀하게 만들어야 하는데 기존의 가공 기술로는 저렴하고 다양하게 생산하기가 어려웠습니다. 그러나 이제 3D프린터가 이를 실현해줄 것으로 기대하고 있습니다.

세상을 획기적으로 바꿀 3D프린터의 영향력

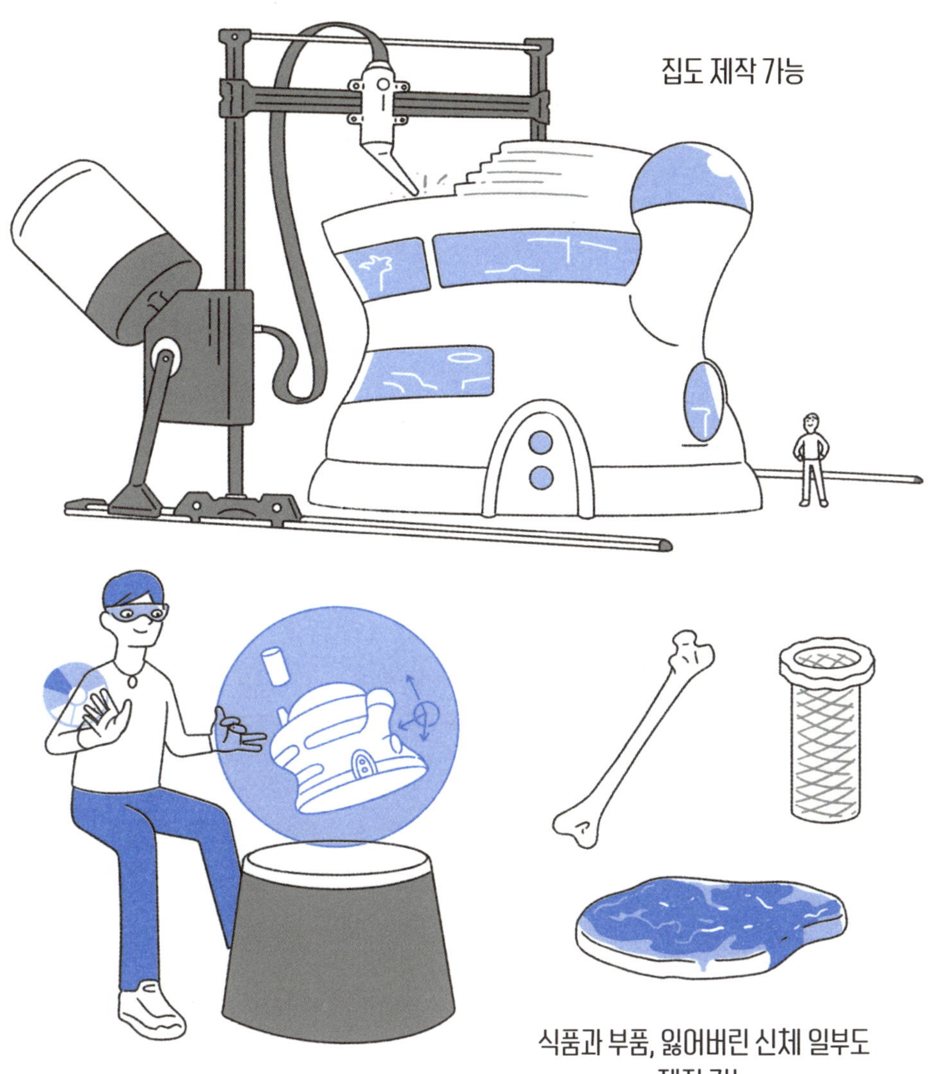
집도 제작 가능
식품과 부품, 잃어버린 신체 일부도
제작 가능

서비스 로봇
AI 기술을 도입해 똑똑하게 일하는 로봇

제조업에 이용되는 로봇을 산업용 로봇이라 하고, 서비스업에서 사람을 위해 종사하는 로봇을 서비스 로봇이라 합니다. 진화하는 AI(인공지능) 기술을 도입해 사람과 대화하거나 자율 보행이 가능한 로봇이 개발, 상용화되고 있습니다.

서비스 로봇이란 가정이나 요양 시설, 상업 시설, 공공장소 등 사람이 있는 곳에서 여러 가지 서비스를 제공하는 로봇을 말합니다.

건물 경비와 안내, 호텔의 접수 업무, 요양 시설의 요양 보조 업무 등을 수행하며, 사람과의 대화가 가능한 커뮤니케이션 기능, 자율 주행과 물체 운반 기능 등을 지닌 것이 특징입니다. 상황의 변화에 유연하게 대응할 수 있도록 센서를 통해 사람의 말과 사물의 상태를 인식하고 AI를 활용해 최적의 동작을 판단합니다.

SF 작가인 아이작 아시모프는 작품을 통해 인간 사회에서 로봇이 따라야 할 세 가지 원칙을 제시했습니다. ①인간에게 위해를 가하지 않을 것 ②인간의 명령에 복종할 것 ③위 두 가지 원칙을 위배하지 않는 선에서 자신의 존재를 지킬 것입니다. 이 원칙은 '로봇 공학 3원칙'으로 불리며 로봇 개발 분야에서 중시되고 있습니다.

KEYWORD

#산업용 로봇 #서비스 로봇 #센서 #아이작 아시모프 #로봇 공학 3원칙

로봇의 존재를 친숙하게 느끼는 사회로 변화

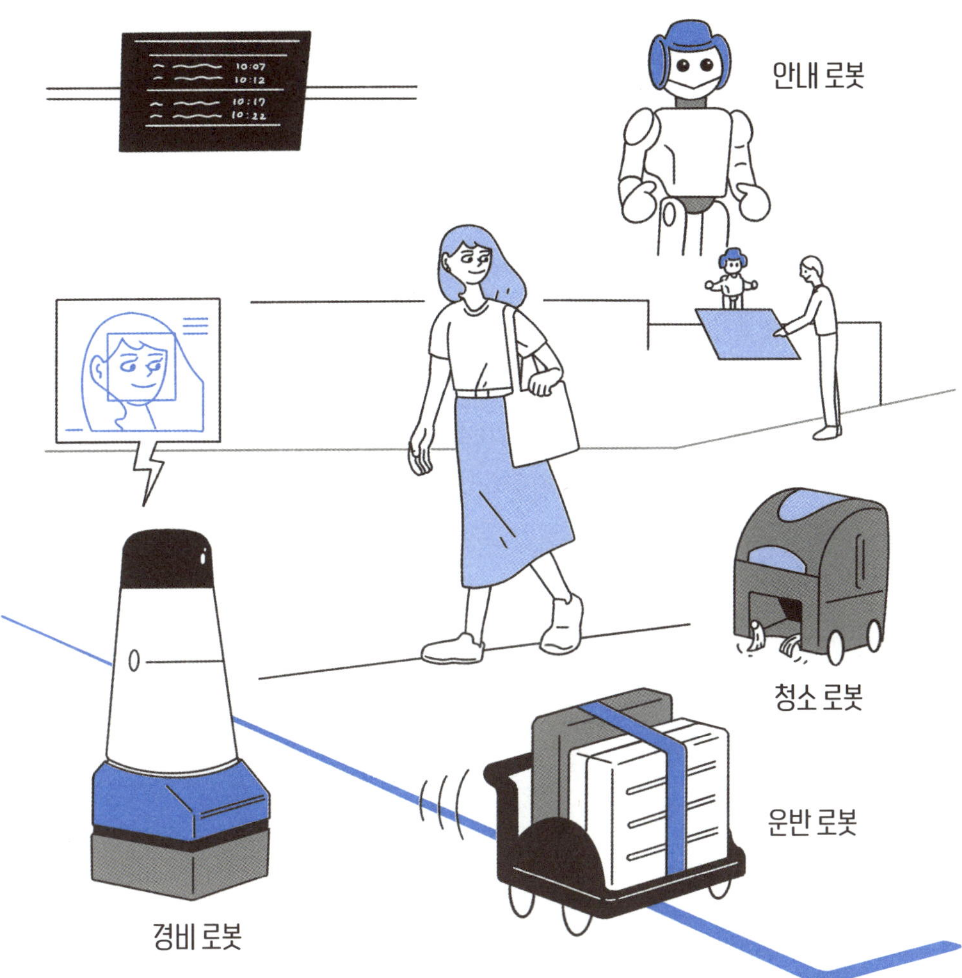

텔레워크
IT가 진전시킨 진화된 근무 방식

IT를 활용해 시간과 장소의 제약을 받지 않고 유연하게 일하는 형태를 말합니다. 텔레워크라는 근무 방식은 예전부터 있었지만, 네트워크와 모바일 등의 환경이 갖춰지면서 저출산 고령화 대책이나 일과 삶의 균형work-life balance 실현을 목적으로 이를 실시하는 기업이 늘고 있습니다.

텔레워크란 '떨어진 곳'이라는 뜻의 텔레tele와 '일하다'라는 뜻의 워크work를 합친 신조어입니다. 재택근무뿐만 아니라 고객이 있는 곳이나 이동 중에 모바일 단말을 사용해 일하는 것도 텔레워크입니다. 본사에서 떨어진 장소에 업무 공간을 두는 위성 사무실satellite office도 있습니다.

텔레워크 덕분에 임신이나 육아, 간병 같은 이유로 일정 기간 동안 출근이 어렵던 사람도 계속해서 일할 수 있게 되었습니다. 또한 출퇴근에 걸리는 시간이 절약되고, 고객에게 신속하게 대응할 수 있게 되는 등 다양한 효과가 기대되고 있습니다.

한편 노동 시간 관리와 근무 평가를 어떻게 할 것인지, 통신비와 광열비 등의 경비 부담에 대한 규정 등, 기업과 근무자 간에 명확히 정해두어야 할 포인트가 몇 가지 생겨났습니다. 코로나19의 영향으로 대기업에서는 특히 텔레워크 도입이 상당히 진행되었습니다.

KEYWORD

#텔레워크 #네트워크 #모바일 #일과 삶의 균형 #위성 사무실 #코로나19

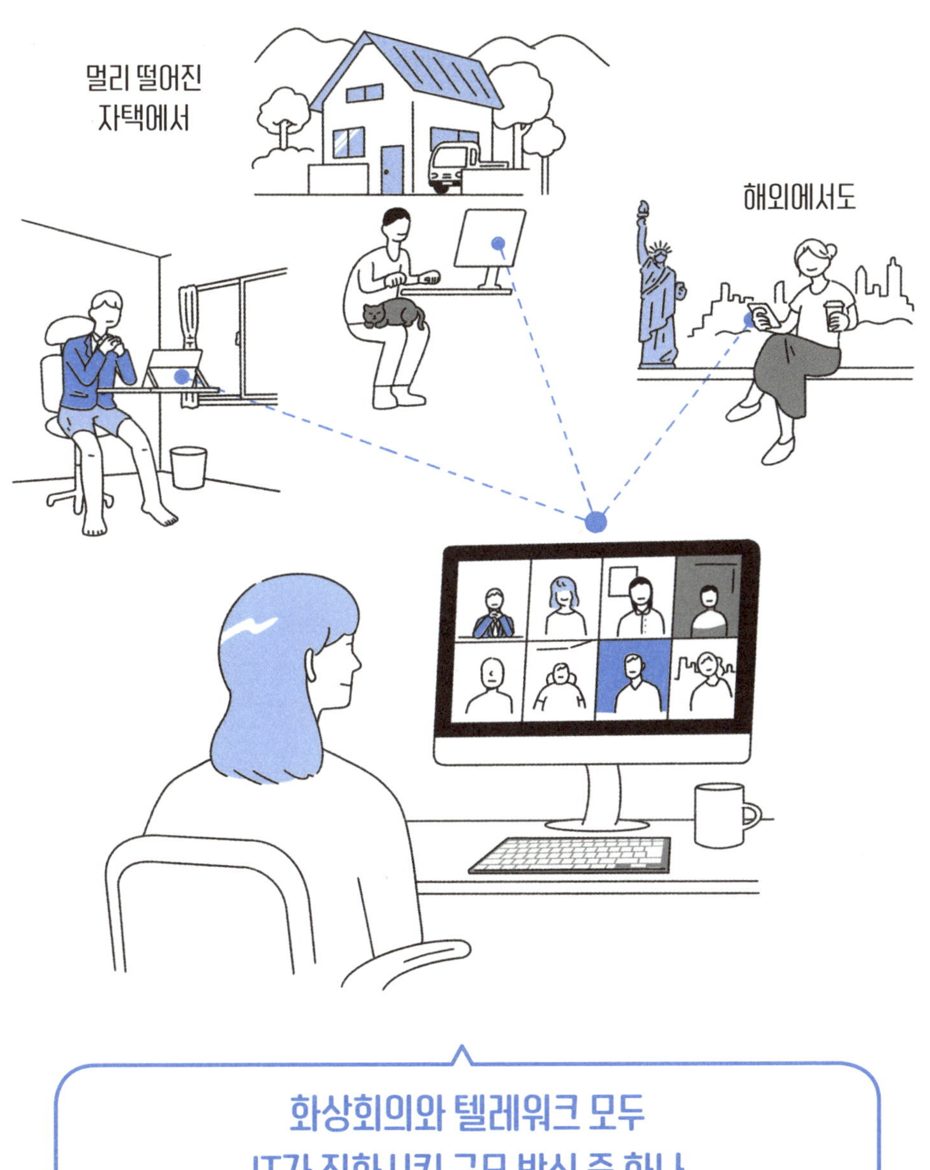

화상회의와 텔레워크 모두
IT가 진화시킨 근무 방식 중 하나

RPA
반복 업무를 자동화하다

RPA Robotic Process Automation(로보틱 프로세스 자동화)는 로봇으로 정형적인 업무를 자동화·효율화하는 시스템입니다. 공장의 산업용 로봇이 생산직 노동자(블루칼라)의 수작업을 대체했듯, RPA는 사무직 노동자(화이트칼라)가 컴퓨터로 하는 작업을 소프트웨어로 대체합니다.

컴퓨터를 이용하는 사무직 노동자의 업무는 일정한 순서대로 하는 작업, 형식이 정해져 있는 서류 작성 등 정형화된 업무가 많습니다. 엑셀에서 제공하는 매크로 기능으로 작업을 자동화할 수도 있지만, 일정한 업무 순서workflow에 따라 여러 응용프로그램을 사용하는 작업을 자동화하려면 응용프로그램을 넘나드는 프로그램이 필요합니다.

RPA는 컴퓨터상에서 이루어지는 일련의 조작을 소프트웨어형 로봇에 기억시킴으로써 작업을 자동화·효율화합니다.

RPA에는 프로그래밍과 같은 지식이 없어도 활용 가능한 전용 도구가 있습니다. 이 도구에는 IT에 대해 잘 모르는 사람도 쉽게 조작할 수 있는 GUI Graphical User Interface(그래픽 사용자 인터페이스)가 적용되어 폭넓은 업종과 직종에 도입할 수 있습니다.

#RPA #정형화된 업무 #엑셀 #매크로 기능 #업무 순서 #GUI

RPA로 작업을 자동화·효율화
1. 레시피를 입력한 RPA 도구를 실행하기만 하면
1. 달걀을 받고
2. 깨뜨리고
3. 프라이팬으로 익히고
4. 접시에 담아
RPA 도구
완성!

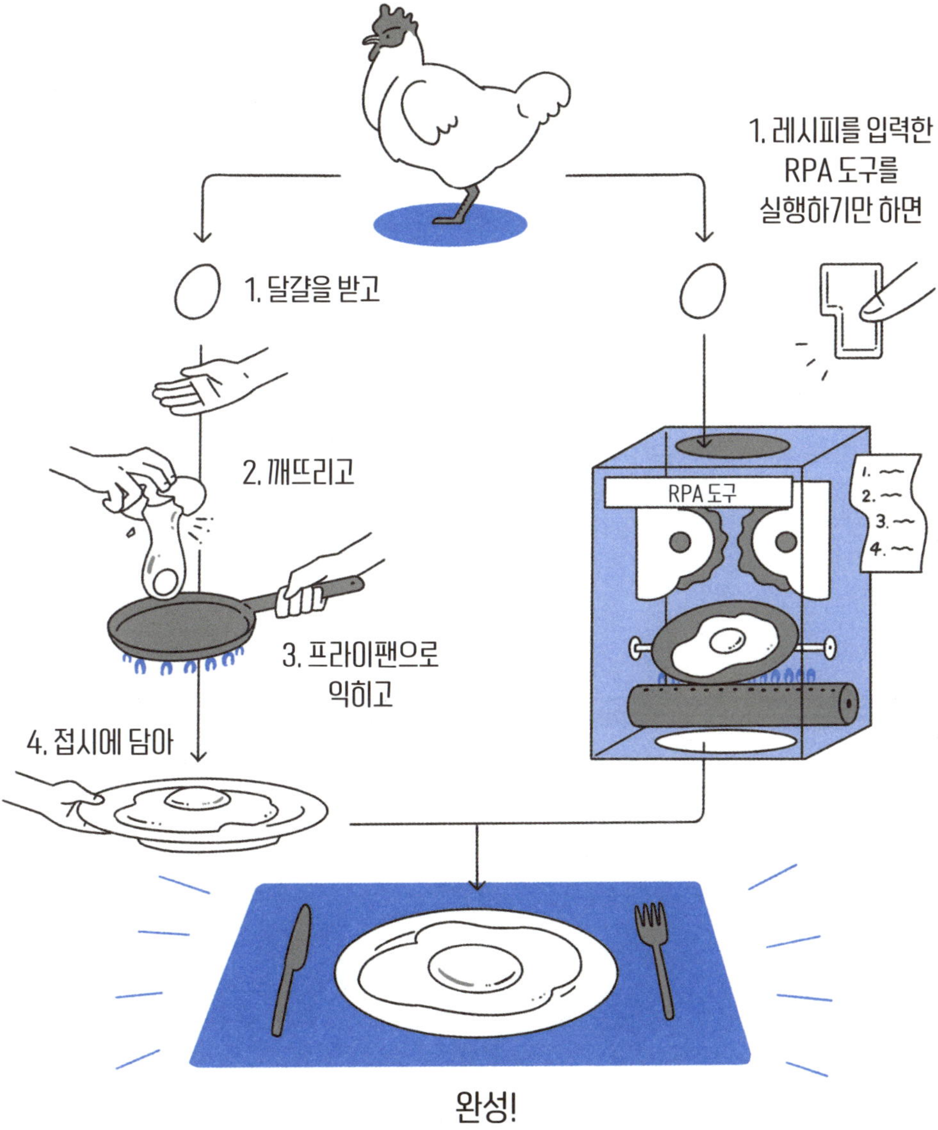

제4장

테크놀로지와 AI

인간 사회의 변혁을 크게 촉진하는 것이 바로 AI(인공지능)의 존재입니다. 빅데이터와 딥러닝이 AI 실용화를 진전시키면서, AI 가전과 로봇 등 AI의 활약은 점차 확대되고 있습니다. 공상 세계에만 등장했던 인간형 로봇도 조금씩 현실에 가까워지고 있습니다. 이번 장에서는 최근 눈부신 발전을 보이는 AI에 대해 소개합니다.

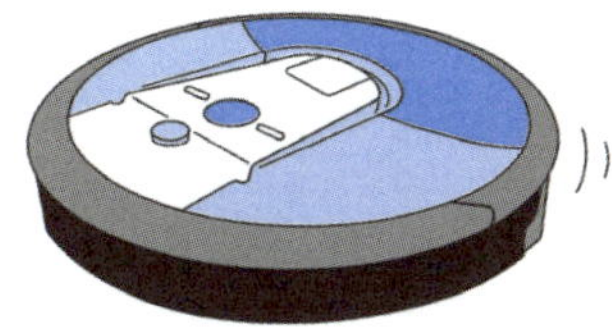

싱귤래러티
테크놀로지가 무한대의 속도로 진화하는 시점

AI를 비롯한 테크놀로지가 급속도로 진화하다 보면 인류의 능력으로는 예측 불가능한 속도로 진화하기 시작하는 시점을 맞이합니다. 이 시점을 테크놀로지컬 싱귤래러티Technological Singularity(기술적 특이점), 혹은 간단히 싱귤래러티라고 합니다.

싱귤래러티(특이점)란 수학과 물리학에서 사용되는 용어로, 어떤 기준을 상정했을 때 그 기준이 적용되지 않는 점을 가리킵니다. 예를 들어 '중력 특이점'이란 중력장이 무한대가 되는 곳을 말합니다.

미국의 미래학자 레이 커즈와일은 2005년에 발표한 저서 『특이점이 온다』를 통해, 테크놀로지가 무한대의 속도로 진화하기 시작하는 테크놀로지컬 싱귤래러티(기술적 특이점)가 2045년에 도래할 것으로 예측했습니다.

최근 AI가 3차 열풍을 맞이하고 딥러닝이 실용화됨에 따라 'AI의 능력이 인간의 지능을 뛰어넘을 가능성'에 대해 언급되는 일이 많아졌습니다. 이와 함께 싱귤래러티도 주목받고 있는데, 실현 가능성에 대해서는 회의적인 의견도 많습니다.

#AI #테크놀로지컬 싱귤래러티 #싱귤래러티 #레이 커즈와일 #딥러닝

AI가 인간을 뛰어넘는 날이 올까?

빅데이터
매일매일 발생하는 방대한 양의 정보

인터넷과 컴퓨터를 사용하면서 방대한 양의 정보가 매일매일 발생하고 있습니다. 컴퓨터를 비롯한 각종 기술의 발달 덕분에 예전에는 버려지던 정보를 분석할 수 있게 되었는데, 이 방대한 양의 정보를 빅데이터라고 합니다.

빅데이터라는 개념이 생겨나기 전까지 데이터 분석의 중심은 데이터베이스였습니다. 데이터베이스는 정리되어 있는 데이터인데, 구축하려면 어느 정도 비용(노력과 시간)이 듭니다.

SNS의 게시글 내용, 웹사이트나 블로그 정보 등 매일매일 축적되는 방대한 데이터는 정리하기가 어려워 분석이 불가능했는데, 컴퓨터 성능이 향상됨에 따라 이러한 자료도 분석할 수 있게 되었습니다. 이 분석을 통해 지금까지 발견되지 않았던 관계성과 추세, 패턴이 드러났고, 이 정보들을 토대로 새로운 가치가 창출되고 있습니다. 앞으로 IoT의 보급이 진전된다면 센서가 탑재된 사물들이 만들어내는 데이터로 인해 빅데이터가 더욱 축적될 것입니다.

빅데이터의 특징은 3V로 표현합니다. Volume(양)이 있을 것, Variety(다양성)가 있을 것, Velocity(입출력 및 처리 속도)가 빠른 것입니다. 이 중 어느 하나(또는 여러 개)의 값이 매우 높은 것이 빅데이터입니다.

#빅데이터 #데이터베이스 #웹사이트 #블로그 #IoT #센서

빅데이터를 어떻게 사용하느냐에 따라 창출되는 거대한 비즈니스 수요

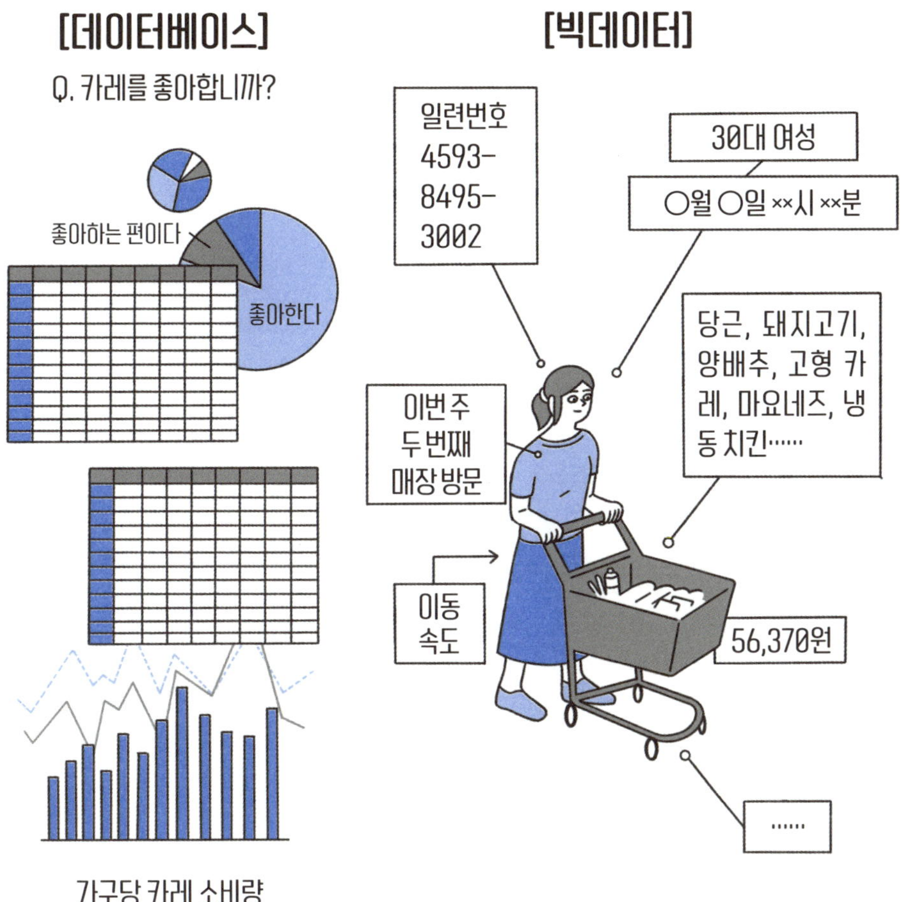

[데이터베이스]
Q. 카레를 좋아합니까?
좋아하는 편이다
좋아한다
가구당 카레 소비량
[빅데이터]
일련번호
4593-
8495-
3002
30대 여성
○월 ○일 ××시 ××분
당근, 돼지고기, 양배추, 고형 카레, 마요네즈, 냉동 치킨……
이번 주 두 번째 매장 방문
이동 속도
56,370원
……

AI

3차 열풍으로 꽃핀 AI는 무엇을 할 수 있을까?

Artificial Intelligence(인공지능), 줄여서 AI는 인간의 지적인 활동을 인간 대신 컴퓨터에 맡기려는 기술 혹은 그런 연구를 이르는 말입니다. 1950년대부터 연구가 활발해졌는데, 이후 열풍기와 침체기가 반복되다가 현재는 3차 열풍이 진행 중입니다.

최초로 AI 연구 열풍(1차 AI 열풍)이 불었던 시기는 1956년 미국 다트머스 대학에서 AI를 발제로 한 학술회의가 열렸을 때부터였습니다. 2차 열풍은 전문가 시스템expert system(특정 분야에서 특정 기능만을 수행하는 시스템—옮긴이)이 실용화되었던 1980년대입니다. 이때도 잠시 열풍이 불었다가 연구 성과나 기술적 한계에 부딪혀 인기가 시들해졌습니다.

2000년대에 시작된 현재의 3차 열풍은 컴퓨터와 네트워크 등 IT 기술의 비약적인 발전, 빅데이터 보급과 기계학습의 실용화, 딥러닝의 실현 등이 배경에 있습니다. 2012년에는 구글의 AI가 인간에게 '고양이'의 특징을 배우지도 않고 스스로 학습(딥러닝)하여 대량의 이미지로부터 '고양이'를 인식해 분류해냈습니다. 2016년에는 알파고AlphaGo가 프로 바둑기사 이세돌과 승부를 겨루어 승리했습니다. 이미지 인식, 게임 등에서의 추론, 자연어 처리 분야의 문장 이해와 음성 이해 등 AI는 다양한 분야에서 활용되고 있습니다.

KEYWORD

#인공지능 #AI 열풍 #다트머스대학 #구글 #알파고 #이미지 인식 #추론
#자연어 처리

사람과 똑같이 생각하는 AI란 어떤 존재일까?

딥러닝
AI의 성장이 급속도로 진화한 이유

현재 AI의 특징은 기계학습과 딥러닝입니다. 기계학습은 인간의 학습과 같은 기능을 컴퓨터상에서 실현한 것입니다. 딥러닝은 기계학습의 한 분야로, 인간의 뇌신경 구조를 모델화한 뉴럴 네트워크neural network를 사용합니다.

기계학습이란 컴퓨터가 스스로 학습해 대량의 데이터를 분석하면서 규칙을 획득·발견하는 기법입니다. 더 많은 데이터를 처리할수록 컴퓨터의 정밀도가 향상됩니다.

딥러닝(심층 학습)은 기계학습을 더욱 발전시킨 것입니다. 기계학습에서는 이미지를 보고 '개'로 판단하기 위한 특징(귀나 얼굴 형태, 꼬리 모양, 몸집 크기 등)을 인간이 제시해주어야 하지만, 딥러닝에서는 '개'의 특징 자체를 컴퓨터가 스스로 발견하고 판단합니다. 이를 위해 이용되는 것이 뉴럴 네트워크입니다.

뉴럴 네트워크는 인간의 뇌신경 세포(뉴런) 네트워크 구조를 모델화한 것입니다. 정보 전달을 위해 만들어진 접합 부분을 시냅스synapse라고 하는데, 시냅스는 학습을 통해 결합의 강도가 변화합니다. 이로써 최적의 답을 얻을 수 있습니다.

#기계학습 #딥러닝 #뉴럴 네트워크 #뉴런 #시냅스

대량의 데이터에서 특징을 추출하는 것이 딥러닝

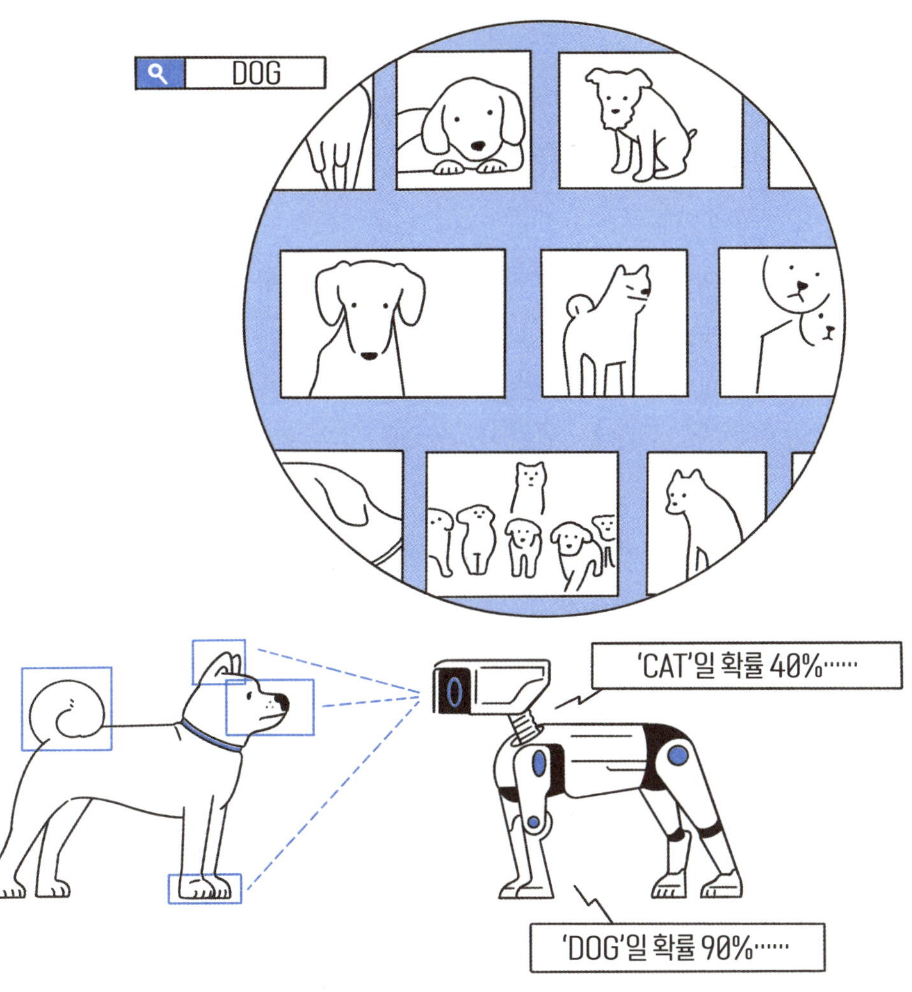
DOG
'CAT'일 확률 40%……
'DOG'일 확률 90%……

AI 가전
우리에게 친숙한 AI 상품들

일반 이용자가 봤을 때 친숙한 AI 실용화 사례는 AI 가전과 AI 스피커입니다. AI 기능을 탑재한 AI 가전은 이용자의 상황을 학습해 스스로 동작을 조정합니다. AI 스피커는 목소리만으로 조작 가능한 컴퓨터로, AI 비서가 대화 내용을 이해하고 대응을 결정합니다.

특정 분야에서 능력을 발휘하는 AI를 특화형 AI라고 합니다. 2016년 프로 바둑기사 이세돌과 대결해 승리한 구글의 AI '알파고^{AlphaGo}'도 특화형 AI입니다. 특화형 AI는 이미 실용화되었는데, 그 사례가 AI 가전과 AI 스피커입니다.

AI 가전 중 하나인 로봇 청소기는 센서로 얻은 정보를 토대로 집 내부의 위치 관계와 바닥 상태를 파악해 최적의 청소 방법을 결정합니다. AI 탑재 에어컨은 이용 패턴과 실내 온도, 습도 등을 체크해 이용자가 쾌적하도록 운전을 전환합니다.

AI 스피커는 스마트 스피커라고도 하는데, AI 비서가 인식한 음성에 따라 검색과 음악 재생, 조명과 가전의 제어 등을 수행합니다. AI 스피커인 아마존 에코^{Amazon Echo}에는 알렉사^{Alexa}라는 AI 비서가 탑재되어 있어, 음성 대화를 주고받으면서 아마존에서 쇼핑할 수도 있습니다.

KEYWORD

#AI 가전 #AI 스피커 #AI 비서 #AI 탑재 에어컨 #스마트 스피커 #아마존 에코 #알렉사

AI 가전의 등장으로 더욱 쾌적해진 생활

AI 탑재 로봇
더욱 진화하는 AI 제품의 미래

복잡한 구조를 가지고 자동으로 움직이는 로봇에 AI 기능을 탑재하면 스스로 생각하고 움직일 수 있게 됩니다. '사람 같은' 로봇을 만들기는 어렵지만 '사람처럼 생각하고 움직이는' 로봇에 대한 연구 개발이 진전되면서, 다양한 형태의 AI 탑재 로봇이 등장하고 있습니다.

간병과 운반, 감시, 접객 등 다양한 분야에서 AI 탑재 로봇이 실용화되면서 사람이 하는 업무 일부를 담당하게 되었습니다. 연구 개발이 진행 중인 자율주행 자동차의 경우, 사람이 하는 '자동차 운전'을 AI의 자동 제어가 대신 수행합니다. 넓은 의미로는 자율주행 자동차도 로봇에 속합니다.

특정 분야에서 능력을 발휘하는 AI를 특화형 AI라고 하는 반면, 사람처럼 폭넓은 분야에서 스스로 문제를 찾아 자율적으로 학습하는 AI를 범용형 AI라고 합니다. 영화나 만화에 등장해 인간의 위기를 구해주는 똑똑한 로봇(인간에게 힘겨운 적이 되어 등장할 때도 있습니다만)은 범용형 AI를 탑재한 로봇의 한 사례입니다.

현재 작동 중인 AI 탑재 로봇의 AI는 특화형입니다. 범용형 AI에 대한 연구가 이루어지고는 있지만 실현 가능성은 아직 오리무중입니다. 하지만 먼 미래에 실현되기를 기대하며 한 걸음씩 진행하고 있습니다.

KEYWORD

#AI 기능 #AI 탑재 로봇 #자율주행 자동차 #자동 제어 #특화형 AI #범용형 AI

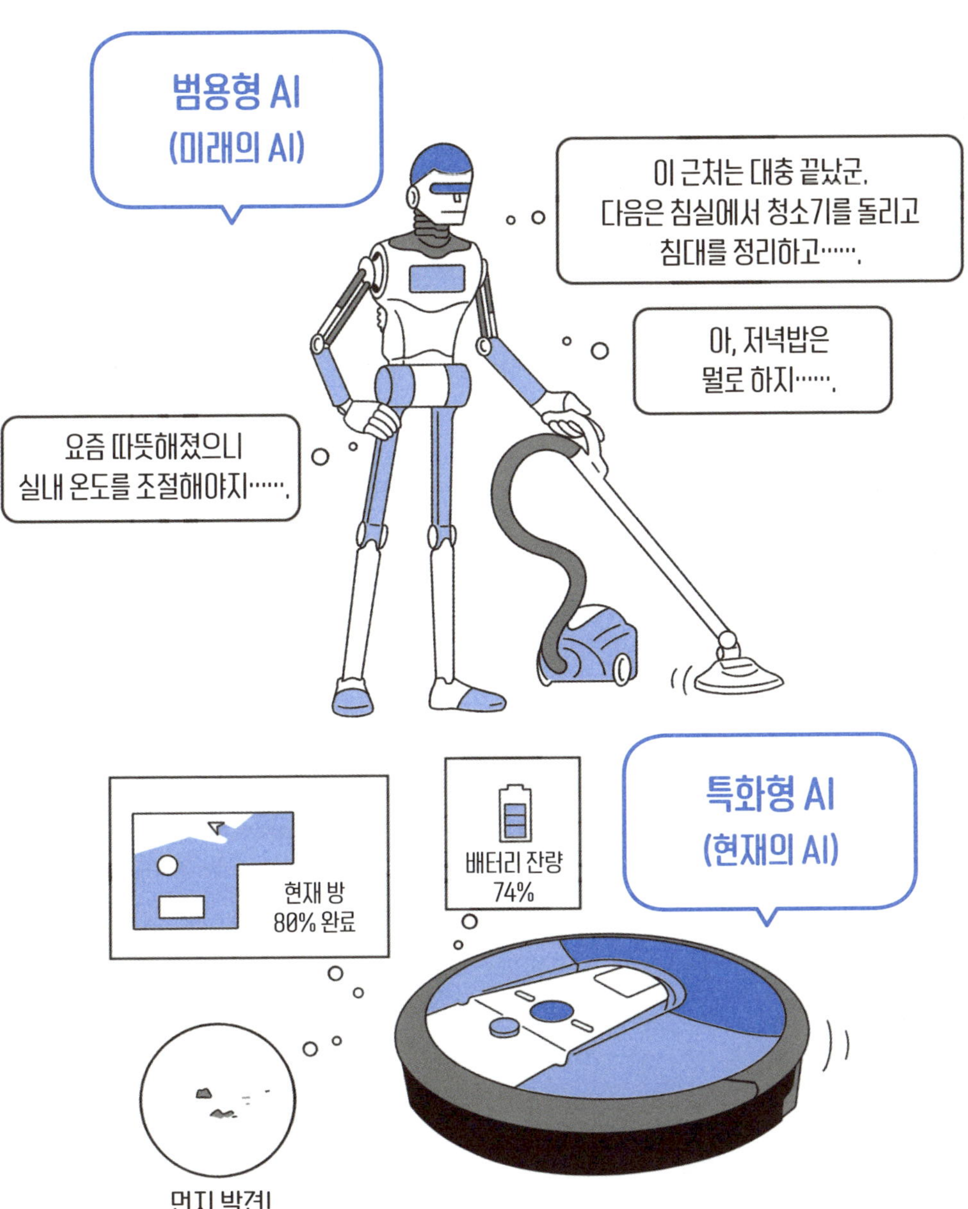
범용형 AI
(미래의 AI)

이 근처는 대충 끝났군.
다음은 침실에서 청소기를 돌리고
침대를 정리하고…….

아, 저녁밥은
뭘로 하지…….

요즘 따뜻해졌으니
실내 온도를 조절해야지…….

현재 방
80% 완료

배터리 잔량
74%

특화형 AI
(현재의 AI)

먼지 발견!

봇

형체가 없는 로봇처럼 작동하는 소프트웨어

단순한 반복 작업은 사람이 하게 되면 수고가 들고 시간이 걸립니다. 이런 단순 작업을 인터넷상에서 사람 대신, 심지어 고속으로 해주는 것이 바로 봇bot이라는 소프트웨어입니다. 실체(기계)가 없는 로봇이기 때문에 줄여서 봇이라고 합니다.

봇은 인터넷상에서 자동으로 작동하는 애플리케이션 또는 프로그램을 통틀어 이르는 말입니다. 크롤러나 챗봇처럼 상용 목적으로 이용되는 봇이 있는 반면, 멀웨어의 일종으로 부정행위를 저지르는 봇도 있습니다.

인터넷상의 웹사이트에서 필요한 정보만 수집하는 봇을 크롤러crawler 또는 스파이더spider라고 합니다. 구글 등의 검색 시스템에서 이용하고 있습니다.

챗봇은 사람처럼 행동하며 문자로 대화를 주고받는 봇으로, 고객 지원과 헬프 데스크에서 이용됩니다. 인간이 정해놓은 규칙에 따라 대화 상대인 인간이 입력한 내용에서 키워드를 뽑아내고, 이에 대한 응답을 데이터베이스에서 고릅니다. AI(인공지능)를 도입해 더 자연스러운 대화에 근접하게 만든 챗봇도 있습니다. AI 스피커로는 챗봇과 음성으로 대화할 수 있습니다.

KEYWORD

#봇 #크롤러 #챗봇 #멀웨어 #스파이더 #고객 지원 #헬프 데스크

일상생활에서 대활약 중인 로봇

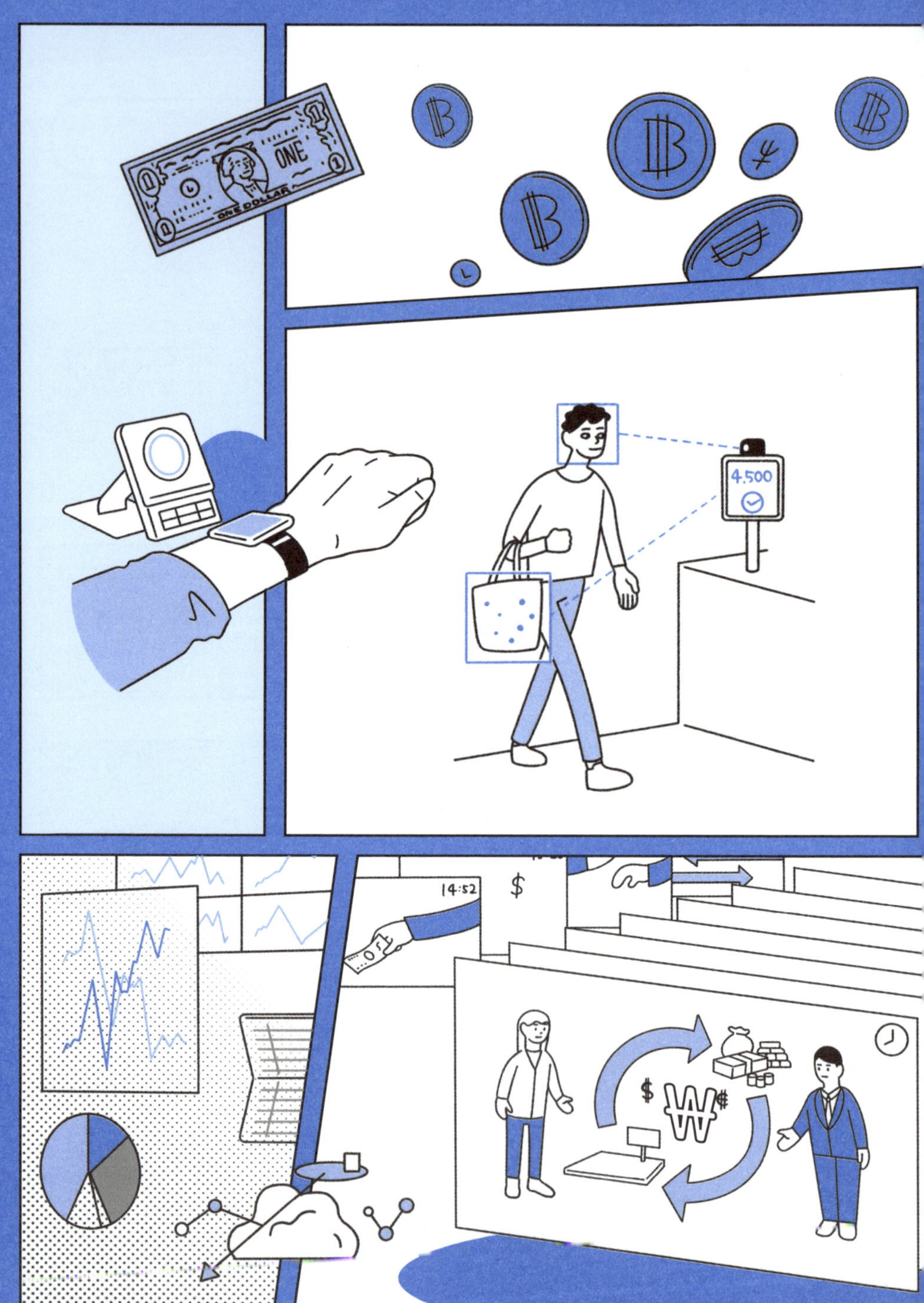
ONE
ONE DOLLAR
4.500
14:52
$
$
₩
$

제5장

테크놀로지와 금융

테크놀로지는 다양한 분야와 업계에 활용되고 있습니다. 그중 하나가 '돈'을 다루는 금융입니다. 전자화폐는 현금 대신 일상적으로 사용되며, 스마트폰만 있으면 편의점에서 계산도 가능합니다. 기존 화폐와 다른 가상화폐도 유통되고 있습니다. 이번 장에서는 테크놀로지가 금융에 주는 영향에 대해 소개합니다.

핀테크
파이낸스×테크놀로지

핀테크FinTech는 금융Finance과 테크놀로지Technology를 합친 신조어입니다. 은행, 보험, 증권 등의 금융 서비스에 IT를 도입함으로써 새로운 아이디어가 탄생했으며, 나아가 혁신적인 상품과 서비스가 등장하고 있습니다.

테크Tech란 Technology(기술)의 약자입니다. 최근 IT를 중심으로 하는 테크놀로지를 다양한 분야에서 활용하려는 움직임이 활발해지고 있습니다. 핀테크는 그러한 흐름 중 하나입니다.

핀테크가 등장하면서 기존 금융 기관 이외에 많은 신규 사업자가 금융 분야에 진출하게 되었습니다. 이용자 입장에서는 '수수료가 저렴하고', '처리가 빠르며', '손쉽게 이용할 수 있어 편리한' 상품과 서비스가 잇달아 생겨나는 셈입니다.

친숙한 사례로는 PC나 스마트폰 조작만으로 결제와 송금이 가능한 서비스, 가계나 자산 상황을 통합 관리해주는 가계부 앱, AI가 개인 투자를 도와주는 로보어드바이저 서비스, 인터넷상에서 자금 지원을 모금하는 크라우드 펀딩 등이 있습니다.

블록체인을 이용한 가상화폐 거래도 핀테크의 일종입니다.

KEYWORD

#핀테크 #금융 #테크놀로지 #로보어드바이저 #크라우드 펀딩 #블록체인

금융 세계에 진출 중인 테크놀로지

캐시리스 결제
현금을 사용하지 않는 선택지

캐시리스cashless 결제란 말 그대로 현금을 사용하지 않고 결제하는 방식입니다. 신용카드 결제, 전자화폐, QR코드 결제 등이 있습니다. 북유럽과 중국, 한국 등 캐시리스 결제가 보급된 캐시리스 선진국에 비해, 일본은 아직 현금에 대한 믿음이 뿌리 깊습니다.

캐시리스 결제의 장점은 소비자는 현금을 들고 다니지 않아도 되고, 사업자는 현금을 관리하지 않아도 된다는 것입니다. 캐시리스 선진국인 중국에서는 위조지폐가 횡행하기 때문에 현금을 받지 않는 매장도 있습니다. 한편 일본에서는 정부 정책을 통해 캐시리스화를 추진하고는 있지만, 캐시리스 결제에 불안을 느끼는 사람이 여전히 많아 보급이 진전되지 않고 있습니다.

예전부터 이용되던 신용카드 결제나 계좌 이체, 선불카드도 넓은 의미로는 캐시리스 결제입니다. 요즘은 IT 시스템을 활용한 IC 카드나 스마트폰을 이용한 전자화폐 서비스가 다양하게 등장하고 있습니다. 최근에는 바코드나 QR코드를 사용해 스마트폰 하나로 결제할 수 있는 코드 결제가 주목받고 있습니다.

#캐시리스 결제 #신용카드 결제 #전자화폐 #QR코드 결제 #캐시리스 선진국
#코드 결제

현금이 필요 없는 원활한 금전 거래가 증가하는 추세

전자화폐
현금을 대신하는 새로운 돈의 형태

전자화폐란 '전자적인 정보'로 거래되는 돈으로, 현재는 교통 IC 카드나 유통 IC 카드 등 IC 카드 방식의 전자화폐 이용이 늘고 있습니다. 전자화폐는 기록이 남으므로 기업 쪽에서는 마케팅 등에 활용할 수 있다는 장점이 있습니다.

IC 카드 방식 전자화폐의 주류는 미리 금액을 충전해두는 선불식 카드입니다. 카드에 내장된 IC 칩(초소형 컴퓨터 같은 것)이 잔액 정보를 기록하거나 계산 후 잔액을 업데이트합니다. 기록된 정보는 암호화되어 있으므로 쉽게 고칠 수 없습니다.

일본의 경우, 전자화폐는 철도 사업자와 소매 유통 사업자를 중심으로 많은 사업자가 발행하고 있습니다. 이용자는 발행 사업자로부터 현금에 대한 대가로 전자화폐를 입수합니다(실제로는 IC 카드 등에 기록됩니다). 일본에서 철도 사업자가 발행하는 교통 전자화폐로는 스이카Suica, 파스모PASMO, 이코카ICOCA 등이 있고, 소매 유통 사업자가 발생하는 유통 전자화폐로는 나나코nanaco, 에디Edy 등이 있습니다.

IC 카드 방식의 전자화폐를 이용하려면 IC 칩에 들어 있는 정보를 읽어 들이는 IC 카드 리더기가 필요합니다.

KEYWORD

#전자화폐 #IC 카드 #IC 칩 #IC 카드 리더기

합계 25,000원입니다!
원래 20,000원이 있었고
방금 20,000원을 충전했으니
결제 후 잔액은 15,000원
카드 리더기
IC 칩

모바일 결제
스마트폰만으로 결제할 수 있는 시스템

모바일 단말을 지갑 대신 사용하는 모바일 결제 이용이 확산되고 있습니다. 결제 기능을 비롯해 포인트 카드, 회원증, 쿠폰 등의 서비스를 한데 묶어 제공하는 앱도 있습니다. 일본에서는 매장에서 거래할 때 주로 펠리카 FeliCa나 QR코드를 사용합니다.

모바일 결제(모바일 지갑)의 결제 수단으로는 선불과 후불이 있습니다. 선불 방식은 신용카드 등에서 미리 앱에 충전해두고 충전 금액 내에서 결제하는 것입니다. 후불 방식은 신용카드를 앱에 설정하고 결제 후 신용카드에서 대금이 인출됩니다.

결제 수단으로 IC를 이용할 때는 IC 카드 리더기에 모바일 단말을 찍습니다. 이때는 모바일 단말의 전원을 꼭 켜지 않더라도 배터리만 남아 있으면 이용할 수 있습니다.

QR코드 또는 바코드 스캔을 통한 결제 수단은 전용 리더기가 없어도 되기 때문에 매장에서 쉽게 도입할 수 있고, 이용자 쪽에서도 모바일 단말에 IC가 없어도 된다는 이점이 있습니다. 이 결제 방식은 중국에서 먼저 확산되었으며, 일본에서도 서비스 보급이 진행되고 있습니다.

#모바일 결제 #모바일 지갑 #QR코드 #충전 #신용카드 #바코드

서서히 사회에 자리 잡는 모바일 결제

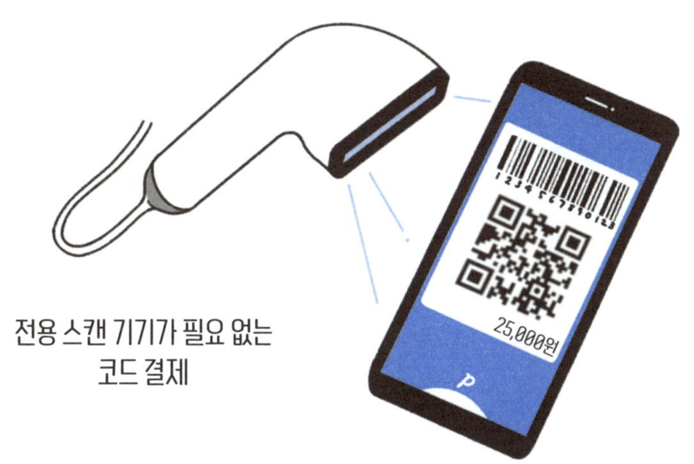

전용 스캔 기기가 필요 없는
코드 결제

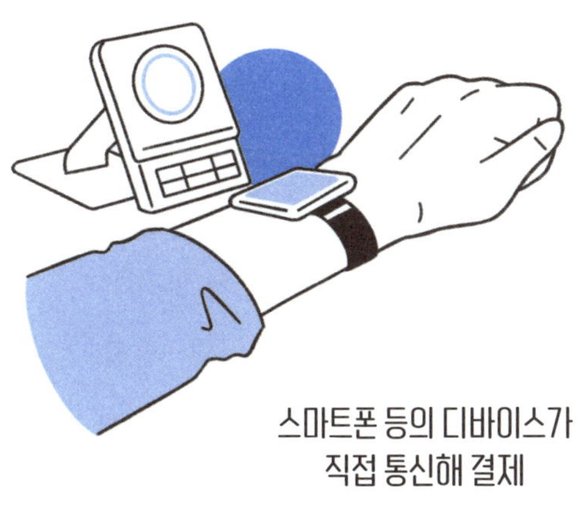

스마트폰 등의 디바이스가
직접 통신해 결제

가상화폐(가상자산)
인터넷상에서 유통되는 새로운 자산

가상화폐란 인터넷상에서 화폐로서 유통되는 전자 데이터입니다. 한국 원이나 미국 달러처럼 국가로부터 화폐 가치를 보장받지는 않지만, 암호 기술 등을 사용해 자산은 보호됩니다. 법정화폐와 구별하기 위해 법령상으로는 가상자산이라고 합니다.

가상화폐(가상자산)로 유명한 비트코인은 '사토시 나카모토'라는 인물이 쓴 논문을 토대로 2009년 발행되었습니다. 비트코인 데이터는 피어투피어[P2P] 방식으로 통신하는 분산 네트워크상에서 관리됩니다. P2P는 일대일로 통신하는 방식입니다. 거래 데이터는 네트워크에 참여하는 다수의 컴퓨터에 의해 검증되고, 블록체인이라는 공유된 공개 장부에 기록됩니다. 거래하는 각 사용자의 컴퓨터상에서 블록을 공유하고 관리하는 구조입니다. 거래 데이터가 도난당하거나 임의로 기록되지 못하도록 암호 기술이 사용되고 있습니다.

비트코인 이외의 가상화폐에는 여러 종류가 존재하며 알트코인(대체 코인)으로 불립니다. 가상화폐는 특정 국가로부터 가치 보장을 받지 못하지만, 법정화폐와 교환할 수도 있고 법정화폐처럼 교환, 결제, 송금할 수 있습니다.

#가상화폐 #전자 데이터 #암호 기술 #법정화폐 #가상자산 #사토시 나카모토
#거래 데이터 #알트코인

국가가 보증하지 않는 새로운 가치의 탄생

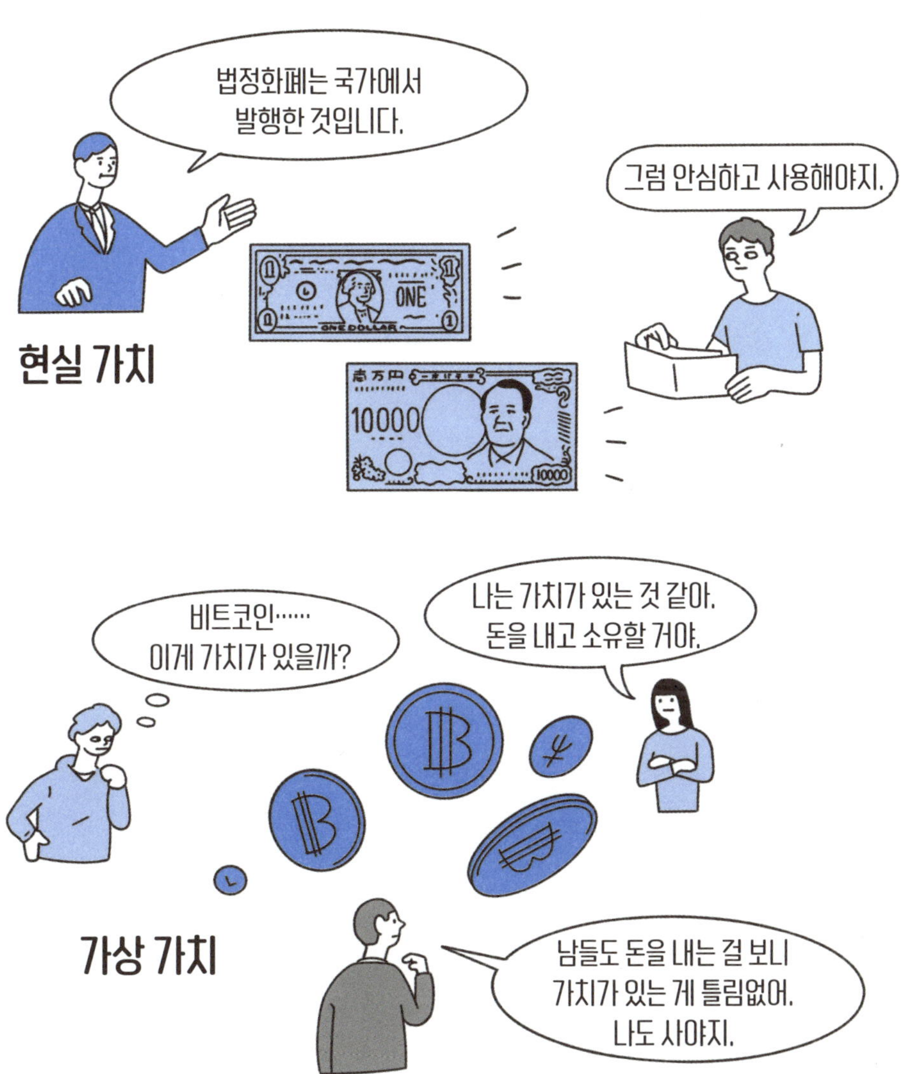

블록체인
IT가 뒷받침하는 새로운 거래 시스템

블록체인이란 네트워크상에서 발생하는 거래를 '블록'이라는 덩어리로 기록하고, 블록을 체인(쇠사슬)처럼 연결해 데이터베이스로서 관리하는 기술입니다. 가상화폐인 비트코인에 사용되는 기술로 주목받고 있습니다.

블록체인에서 데이터 조작을 방지하기 위해 해시함수라는 기술이 사용되고 있습니다. 해시함수는 원래의 값에서 규칙성이 없는 고정 길이의 값(해시값)을 생성하는 함수로, 해시값을 통해 원래의 값을 산출할 수 없다는 성질을 지닙니다. 블록체인에서는 뒤쪽 블록에 앞 블록에서 얻은 해시값을 함께 저장합니다. 해시값이 다른 블록은 비정상적인 블록입니다.

데이터의 분산 관리도 블록체인의 특징입니다. 은행에서는 거래 데이터를 중앙집권적으로 관리하지만, 블록체인에서는 모든 거래 데이터를 '장부'에 기록하며, 네트워크에 참여하는 모든 컴퓨터가 동일한 '장부'를 공유합니다. 이로써 정보의 신뢰성이 보장되는 것입니다. 블록체인의 최대 특징은 조작과 복제가 어렵다는 점이므로, 금융을 비롯해 다양한 분야에서 응용할 수 있을 것으로 기대됩니다.

KEYWORD

#블록체인 #가상화폐 #비트코인 #해시함수 #분산 관리 #거래 데이터 #장부

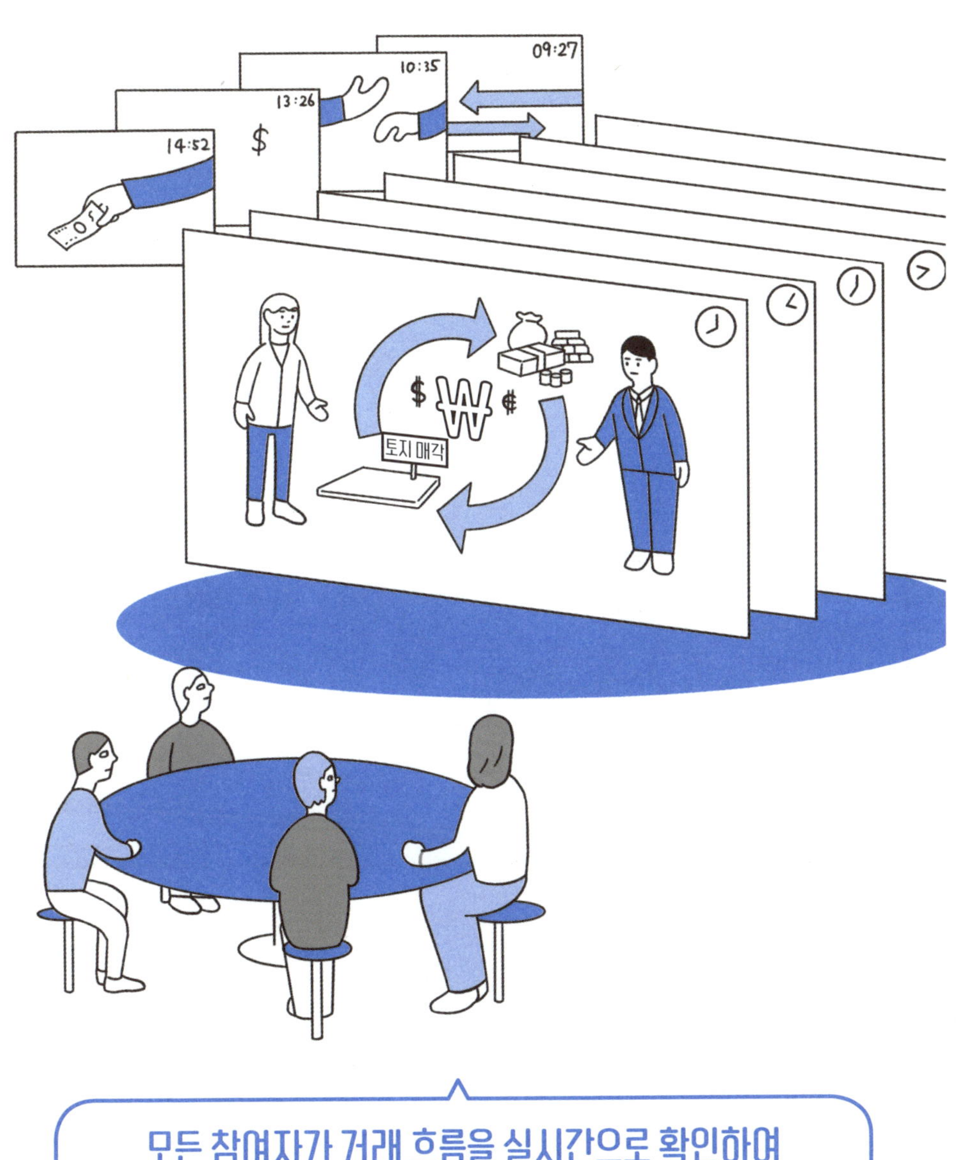

모든 참여자가 거래 흐름을 실시간으로 확인하여
부정한 행위를 방지

테크놀로지가 바꾸는 미래

IT를 비롯한 테크놀로지의 확산은 세상을 크게 바꾸었습니다. 신기술 연구 개발이 끊임없이 이루어지며 불가능하리라 여겼던 미래 예상도가 현실에 가까워졌습니다. VR과 AR을 사용해 다양한 가상 세계를 경험할 수 있게 되었고, 자율주행 자동차가 우리 주변을 달릴 날도 멀지 않았습니다. 이번 장에서는 테크놀로지의 가능성에 대해 소개합니다.

패러다임 전환
IT의 진화와 함께 변화하는 사회

패러다임 전환이란 어느 시대 혹은 분야에서 당연하다고 여겨졌던 상식이나 사상, 가치관이 크게 전환되는 것을 말합니다. 현재 클라우드와 빅데이터, IoT, AI 등 IT를 중심으로 하는 테크놀로지의 진화가 패러다임 전환을 일으키려는 중입니다.

패러다임 전환이라는 말은 다양한 의미로 사용됩니다. 역사적인 전환이라는 의미의 패러다임 전환 사례는, 18세기 후반 산업혁명으로 인해 산업 구조가 공업 중심으로 크게 달라진 것입니다.

컴퓨터와 인터넷이 보급·진화함에 따라 기존의 공업 사회가 현재와 같은 정보 사회로 이행한 것도 패러다임 전환의 한 가지 예라고 할 수 있습니다.

1995년 마이크로소프트의 윈도95 출시를 계기로 컴퓨터와 인터넷이 사람들에게 상당히 친숙해졌습니다. 2007년 애플이 출시한 아이폰 등장을 계기로 대중은 스마트폰 중심으로 생활하게 되었습니다. AI와 로봇 기술이 발전하면서 이제까지 인간이 해왔던 업무 중 약 절반이 자동화된다는 예측도 있습니다. 앞으로도 다양한 패러다임 전환이 일어날 것으로 예측됩니다.

#패러다임 전환 #클라우드 #빅데이터 #정보 사회 #윈도95 #아이폰

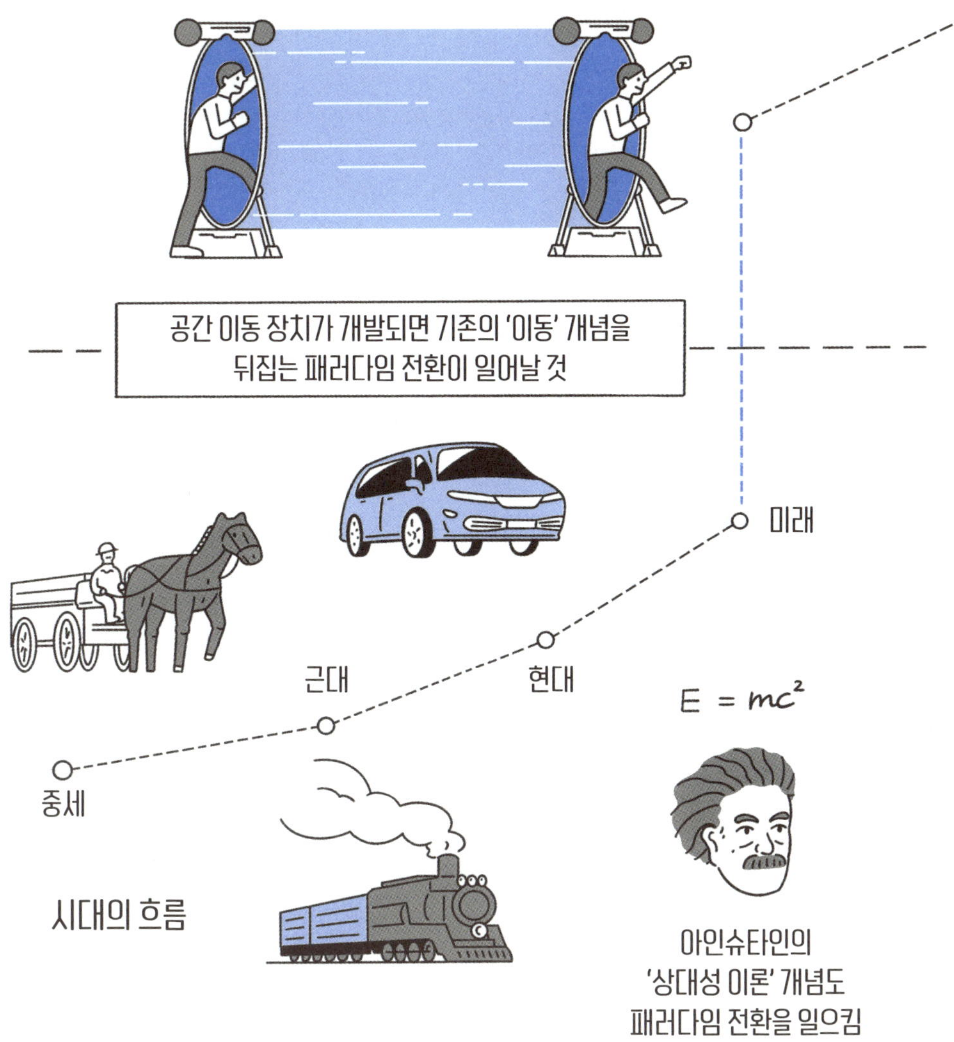

공간 이동 장치가 개발되면 기존의 '이동' 개념을
뒤집는 패러다임 전환이 일어날 것
미래
근대
현대
중세
시대의 흐름
$E = mc^2$
아인슈타인의
'상대성 이론' 개념도
패러다임 전환을 일으킴

자율주행 자동차
테크놀로지의 총력을 결집한 새로운 자동차

자율주행 자동차란 사람이 운전하지 않아도 자동으로 주행하는 자동차를 말합니다. 각종 센서와 IoT 기술을 이용해 주위 상황을 파악하는 것이 특징입니다. 복잡한 상황에서 엑셀, 브레이크, 핸들링 등의 조작을 스스로 판단하고, 이를 실행하는 데 AI 기술이 활용됩니다.

자율주행 자동차 개발 경쟁이 한창입니다. 자율주행 자동차의 실용화와 보급으로 도로 정체가 경감되고, 사고가 줄어들며, 운전자의 부담이 적어질 것으로 기대됩니다. 그러나 한편으로는 사고가 일어났을 때의 책임 소재나 해킹에 따른 위험성, '누군가를 돕기 위해 다른 누군가를 희생하는 행위는 용납될 수 있는가?'라는 '트롤리 딜레마Trolley Dilemma' 논란이 존재하는 등, 실현까지는 많은 과제가 남아 있습니다.

자율주행 자동차의 자동화 수준은 1~5단계로 정의됩니다. 운전 조작 일부를 시스템이 지원하는 1단계부터 시작해 단계적으로 시스템이 수행하는 조작의 비율이 증가하는데, 5단계로 가면 모든 운전 조작을 시스템이 수행합니다.

현재 일정한 조건에서 가속·감속 및 핸들 조작을 지원하는 2단계까지 실용화가 진행되었으며, 시스템이 운전 주체가 되는 3단계 자율주행의 실용화가 눈앞에 다가와 있습니다.

#자율주행 자동차 #해킹 #트롤리 딜레마 #1~5단계

안전하고 쾌적한 자율주행 자동차의 탄생은 언제?

AUTO

게임과 e-스포츠
IT와 함께 진화하는 게임의 세계

컴퓨터를 이용한 엔터테인먼트 기능 중 하나가 바로 게임입니다. 컴퓨터 게임은 카드놀이나 체스, 장기 등 실제 게임을 컴퓨터상에서 재현한 것부터 슈팅, 롤플레잉, 시뮬레이션, 스포츠 등 다양한 영역을 아우릅니다.

컴퓨터의 진화와 함께 게임의 형태도 변화하고 있습니다. 컴퓨터를 탑재한 전용 게임기, SNS상의 애플리케이션으로 제공되는 소셜 게임, 스마트폰의 게임 앱, 온라인에서 플레이하는 게임 등 다양한 방식으로 즐길 수 있습니다. 이미지를 처리하는 장치GPU의 고성능화 덕분에 게임 화질은 세밀해졌고, 움직임은 부드러워졌으며, 영화 같은 영상미를 그려내는 게임도 생겨났습니다. 온라인상에서 여러 플레이어가 대전 혹은 협력해서 즐기는 유형의 게임은 예전부터 존재했지만, 통신 속도가 고속이 되면서 수천 명 단위의 사람이 동시에 게임에 참여해 즐기는 것도 가능해졌습니다.

온라인상의 대전 게임이 진화한 형태가 e-스포츠입니다. 엔터테인먼트를 위한 게임을 일종의 경기로 간주해, 후원사가 고액의 상금을 제공하는 대회가 전 세계에서 개최되고 있습니다. 억 단위의 상금을 받는 프로게이머도 있습니다.

#게임 #소셜 게임 #게임 앱 #GPU #통신 속도 #e-스포츠

억 단위의 상금을 받는 프로게이머도 등장

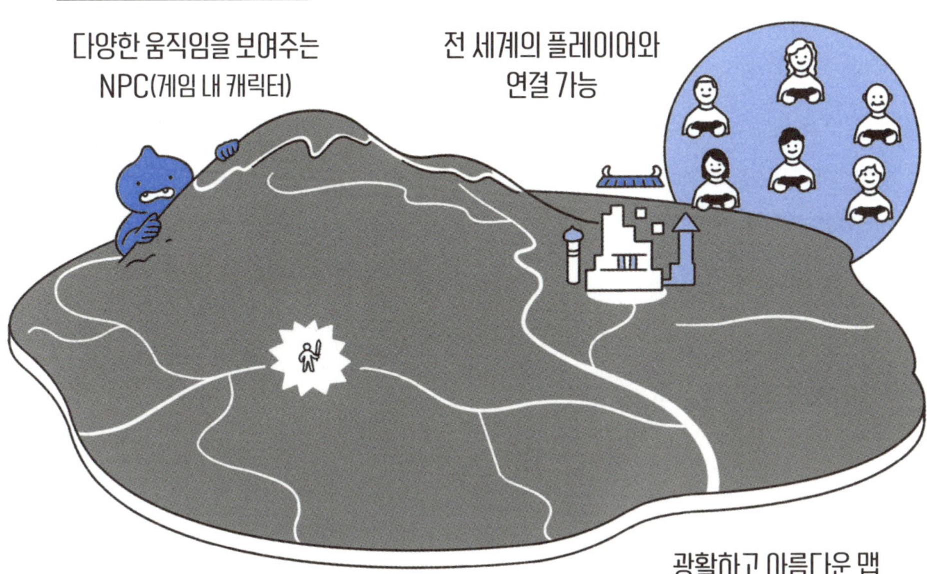

VR과 AR
현실에는 없지만 있는 것처럼 보이는 세계

VR(가상현실)이란 컴퓨터가 만들어낸 인공적인 세계에 사람이 들어간 것처럼 느끼게 해주는 기술입니다. 반면 현실에서 보이는 세계에 컴퓨터가 만들어낸 사물이나 풍경을 겹쳐서 표시하는 기술을 AR(증강현실)이라고 합니다.

VR는 Virtual Reality(가상현실), AR는 Augmented Reality(증강현실)의 약자입니다. 현재는 시각 효과와 음향 효과를 이용한 가상공간에서의 체험이 주류이며, 스마트폰으로도 쉽게 체험할 수 있습니다.

VR을 사용한 게임에서는 헤드 마운티드 디스플레이를 장착하면 게임 속 세계를 입체적으로 표현한 영상이 시야에 펼쳐지면서 얼굴과 몸의 움직임에 맞춰 영상이 변화합니다.

스포츠나 콘서트 행사 등 라이브 스트리밍 영상을 VR로 즐기는 서비스도 시작되었습니다.

세계적으로 큰 성공을 거둔 위치 기반 게임인 '포켓몬 고'는 AR을 이용해 카메라로 촬영 중인 실제 영상에 컴퓨터로 만들어진 캐릭터를 합성해 인공적인 세계를 만들어냅니다. 가구 배치 시뮬레이션이나 의상 피팅에 AR을 활용하는 서비스도 있습니다.

KEYWORD

#VR #AR #헤드 마운티드 디스플레이 #라이브 스트리밍 #포켓몬 고

현실과 VR, AR이 융합하는 세상이 도래

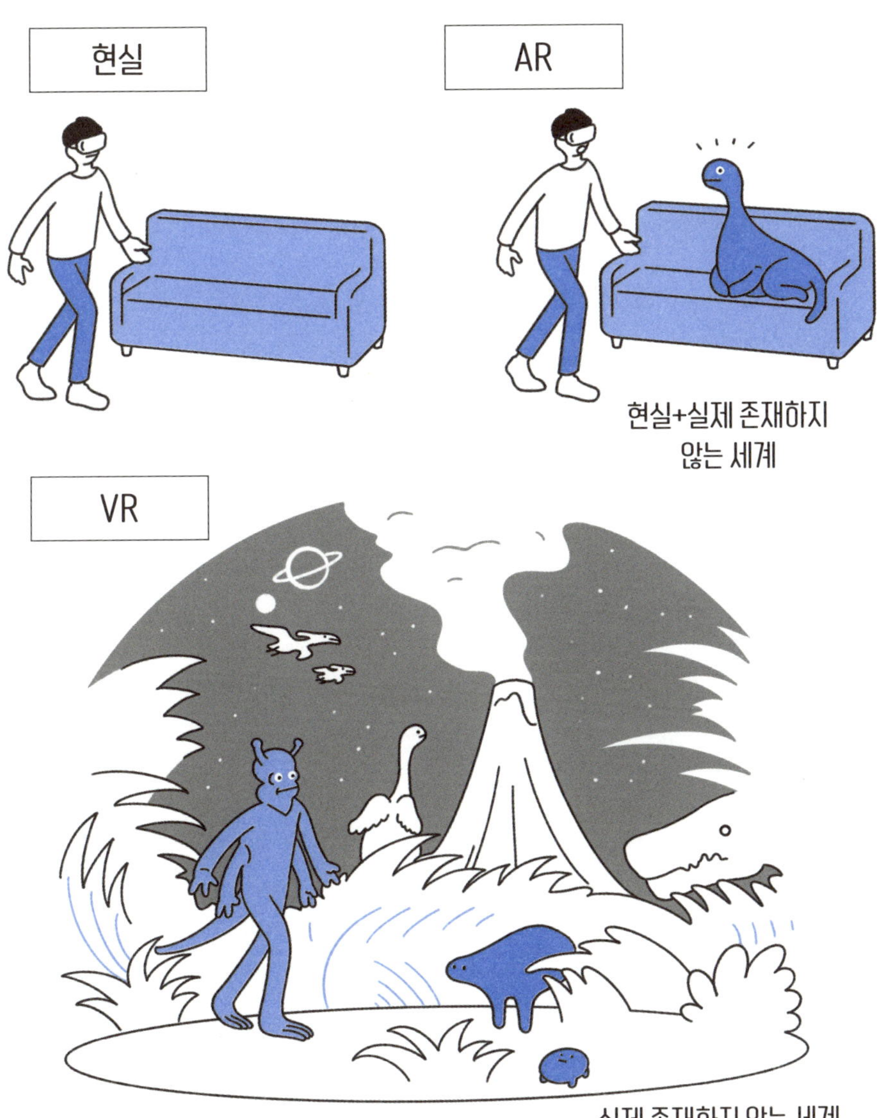
현실
AR
현실+실제 존재하지
않는 세계
VR
실제 존재하지 않는 세계

스마트 농업
기존의 농업을 뒤바꾸는 IT의 위력

농촌에서는 고령화 등으로 인한 노동력 부족이 심각한 문제입니다. IT와 로봇 등 최신 기술을 농업에 적용해 생산성을 비약적으로 발전시키려는 노력이 스마트 농업입니다. 로봇, AI, IoT, 드론 등의 신기술이 적극적으로 도입되고 있습니다.

IT 등의 테크놀로지를 도입하기 어려운 분야라 여겨졌던 농업에 첨단 기술이 활용되기 시작했습니다. 일본의 경우 농림수산성(한국의 농림축산식품부에 해당하는 일본 정부 부처—옮긴이)을 중심으로 스마트 농업이 추진되면서 농작업에 대한 노동력 및 인원 절감, 효율화, 농산물의 수확량·품질 향상 및 안정화, 지속 가능한 농업 경영 등을 목표로 설정했습니다. 농업Agriculture 과 테크놀로지Technology를 합친 신조어인 농테크(애그리테크AgriTech)와 스마트 농업은 같은 뜻으로 사용됩니다.

예를 들어 수확철에는 채소나 과일 등이 수확 가능한지 작물의 상태를 사람이 눈으로 직접 확인하고 판단해야 합니다. 그러나 AI의 이미지 인식 기능을 활용해 학습시키면 이 작업을 로봇으로 대체할 수 있습니다.

또 드론을 이용하면 논밭의 데이터를 수집하거나 비료를 줄 수 있습니다. 사람이 타지 않은 채로 작업 하는 자율주행 트랙터는 이미 실용화 단계에 도달했습니다.

#스마트 농업 #농작업에 대한 노동력·인원 절감 #지속 가능한 농업 경영
#드론 #자율주행 트랙터

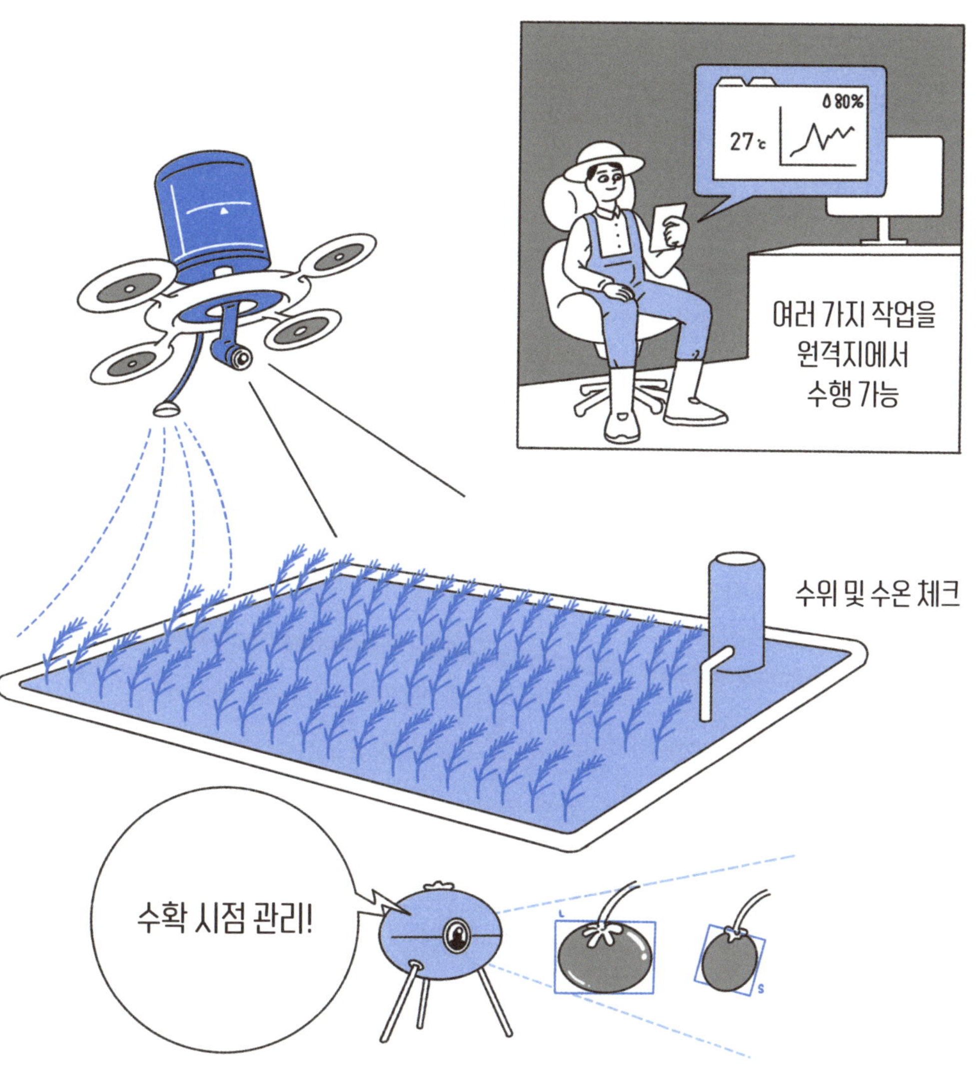

원격으로 물 주기 & 작물 상태 체크!
80%
27℃
여러 가지 작업을
원격지에서
수행 가능
수위 및 수온 체크
수확 시점 관리!
L
S

리모트 센싱
우주와 IT의 컬래버레이션

슈퍼컴퓨터를 활용한 별의 진화 계산, AI를 활용한 새 행성의 탐색 등, IT는 우주 연구에 크게 이바지하고 있습니다. 위성을 통한 리모트 센싱remote sensing(원격 탐사)으로 관측한 지구상의 데이터를 분석해 농업에 이용하는 등 우주와 IT의 컬래버레이션은 점차 확대되고 있습니다.

IT는 우주와 궁합이 잘 맞는 분야입니다. 예전에는 별의 구조를 시뮬레이션하는 데 컴퓨터가 사용되었고, 탐사기나 우주 정거장에서는 컴퓨터를 관측과 실험 분야에 활용 중입니다. 우주 연구에 있어서 IT 기술은 빠뜨릴 수 없는 기술이 되었습니다.

현재 우주는 연구뿐만 아니라 민간에 의한 비즈니스의 장이 되고 있기도 합니다. 이러한 움직임 중 하나가 관측 센서를 탑재한 인공위성을 발사해 우주에서 지구를 관측하는 기술, 즉 리모트 센싱입니다. 리모트 센싱을 활용하면 광센서로 지상의 밝기 변화를 조사하거나 온도 센서로 삼림의 온도를 조사하는 등 지구상의 다양한 정보를 관측할 수 있습니다.

센서가 수집한 데이터는 빅데이터이므로 AI를 활용한 분석이 이루어집니다. 분석된 데이터는 농림수산업과 방재 등 다양한 목적에 유용하게 활용할 수 있습니다.

KEYWORD

#우주 #리모트 센싱 #시뮬레이션 #관측 센서 #인공위성 #광센서 #온노 센서

우주의 존재를 친숙하게 만들어주는
리모트 센싱 기술의 진화

옮긴이 류두진

서울외국어대학원대학교 통역번역대학원 한일과를 졸업했다. 바른번역 아카데미에서 일어 출판번역 과정 수료 후 소속 번역가로 활동 중이다. 옮긴 책으로는 『잡담의 힘』, 『클린』, 『아마존처럼 회의하라』, 『모빌리티 3.0』, 『리더는 칭찬하지 않는다』, 『도전과 진화의 경영』, 『아마존 뱅크가 온다』, 『테크놀로지 지정학』, 『2022 누가 자동차 산업을 지배하는가?』, 『아마존 미래전략 2022』, 『나이를 잊게 하는 배움의 즐거움』, 『어쩐지 더 피곤한 것 같더라니』, 『뭐든 시작하면 어떻게든 된다』, 『문과생을 위한 이과 센스』, 『프로그래밍의 정석』, 『어쩌지 아재』, 『진심으로 산다』, 『98%의 미래, 중년파산』, 『전설이 파는 법』, 『반응하지 않는 연습』, 『머리가 새하얘질 때 반격에 필요한 생각정리법』, 『3색 볼펜 읽기 공부법』, 『7번 읽기 공부법』 등이 있다.

세상에서 가장 쉬운 테크놀로지 수업

초판 1쇄 인쇄 2022년 3월 10일
초판 1쇄 발행 2022년 3월 25일

감수 미쓰다 하루오
그림 다케다 유키히로
글 이와사키 미나코
옮긴이 류두진
발행인 강선영·조민정
펴낸곳 리틀에이
디자인 강수진

주소 서울시 종로구 사직로8길 34 경희궁의 아침 3단지 오피스텔 407호
문의전화 02-6261-2015 **팩스** 02-6367-2020
메일 contact.anglebooks@gmail.com
ISBN 979-11-87512-66-0 13000